四書大家學

每日 省悟

孟子

大家学 （下册）

问永刚 著

离娄下

8.1　孟子曰："舜生于诸冯，迁于负夏，卒于鸣条，东夷之人也。文王生于岐周，卒于毕郢，西夷之人也。地之相去也，千有余里；世之相后也，千有余岁。得志行乎中国，若合符节，先圣后圣，其揆（kuí）一也。"

"诸冯""负夏""鸣条"，皆是地名；"岐周""毕郢"，也是地名。这一章的目的不在于讲述舜和文王的生死之地，而是强调两人虽都来自蛮夷之地，但都能在中原实现自己的志向。蛮夷之地，指远离中原的地区。

"地之相去也，千有余里"，舜和文王居住的地方，相距一千多里。一千多里在今天乘飞机一个多小时就到了。但在舜、文王时代，交通很不发达，千里之遥已经很远。

"世之相后也，千有余岁"，舜和文王两人生活的时间，前后相差了一千多年。人生，即使长寿，也就百年。而千年之长，经过了多少代？

接着，孟子话锋一转："得志行乎中国，若合符节，先圣后圣，其揆一也。""符节"，朱熹注："以玉为之，篆刻文字而中分之，彼此各藏其半，有故则左右相合以为信也。若合符节，言其同也。"（《四书章句集注》）"揆"，度也。舜和文王，虽然所在时空相距甚远，但他们得志时在中国的所作所为，犹如符节相合，愿行一样。先圣大舜、后圣文王，他们的道路同一。

朱熹注："范氏曰：'言圣人之生，虽有先后远近之不同，然其道则

一也。'"（《四书章句集注》）

张居正说："由此而推，可见前乎千百世之既往，有圣人崛兴，后乎千百世之将来，有圣人复起。地之相去，世之相隔，虽其迹不能尽同，然以理度之，所存莫非纯王之心，所行莫非纯王之道，其致一而已矣，又岂有不同者哉？"（《张居正讲评〈孟子〉》）

王船山曰："此一章书，自缘战国游谈之士，非先王之道者，谓时异地殊，法必改作，不可以虞、周之治治今日，不可以蒲坂、岐阳之治治他国，故孟子显示两圣人所以行乎中国者，时地相去之远如此，而所以揆度天下之务者无异。则齐、楚、秦、赵何不可移易之风俗，而井田、学校何徒可行于古而不可行于今！彼坏法乱纪，苟简趋时以就功名，如赵武灵、商鞅、李悝者，徒为乱而已矣。"（《船山遗书》）

在《孟子·滕文公下》中，孟子曰："居天下之广居，立天下之正位，行天下之大道。得志与民由之，不得志独行其道。"舜与文王"得志行乎中国""其揆一也"。

> **8.2** 子产听郑国之政，以其乘舆济人于溱、洧。孟子曰："惠而不知为政。岁十一月，徒杠（gāng）成；十二月，舆梁成，民未病涉也。君子平其政，行辟（bì）人可也，焉得人人而济之？故为政者，每人而悦之，日亦不足矣。"

"子产"，春秋时期郑国贤相。"听"，治也。"乘舆"，所乘的车子。"济"，渡也。"溱、洧"，郑国的两条水名。

春秋时期，有一位郑国的贤相辅助郑君，郑国的政事由他掌管。一日，他路过溱水、洧水，看见老百姓涉水而过，于心不忍，便用自己所乘的车子帮助他们渡水。

我们现在想想这件事。相当于一国总理下乡调研，见平民涉水渡河，这位总理用自己的车接老百姓，一一帮助他们。这些老百姓能不感恩戴德、一片称颂吗？

但是，你看孟子怎么看这件事情——

"惠而不知为政。""惠"，小利也。子产施行小利而不懂得政事。"君子怀刑，小人怀惠。"（《论语·里仁》）子产做的这件好人好事，充其量只不过是施小恩惠讨好老百姓而已，他并不知道如何施政。孟子为什么这样认为呢？

"岁十一月，徒杠成；十二月，舆梁成，民未病涉也。"遇水架桥，逢山开路。如果十一月份修好小桥，那么行人就可以从桥上通过。如果十二月份修好大桥，那么车辆就可以从桥上通过。老百姓就没有渡涉之苦了，一劳则永逸也。

"君子平其政，行辟人可也，焉得人人而济之？"君子只要能搞好政务，让行人让路也是可以的。怎么能一个一个地帮助他们渡河呢？"故为政者，每人而悦之，日亦不足矣。"一个从政的要员，用自己的车子帮老百姓渡水而让他们高兴，你的时间是远远不够的。孟子的意思是，你要做你应该做的事情。摆渡，那是船夫的事情。诸葛亮说："治世以大德，不以小惠。"（《资治通鉴·魏纪》）

朱熹注："惠，谓私恩小利。政，则有公平正大之体，纲纪法度之施焉。"他又曰："每人皆欲致私恩以悦其意，则人多日少，亦不足于用矣。"（《四书章句集注》）

蒋伯潜曰："郑国之水，不仅溱、洧，如不治桥政，则病涉者众，安得人人以乘舆济之？故为政者，若欲使人人悦其小惠，则虽日日为之，亦不足也。"（《新刊广解四书读本》）

一个大政治家不能仅仅知道给老百姓蝇头小利。为政要有方略。南怀瑾说："受少数人的恭维，不如得全民的爱戴。"（《孟子与离娄》）

8.3 孟子告齐宣王曰："君之视臣如手足，则臣视君如腹心；君之视臣如犬马，则臣视君如国人；君之视臣如土芥，则臣视君如寇雠。"

孟子的思想充满革命精神，但这种革命精神在秦汉以后慢慢消失了，最典型的就是这个"君臣关系"。

在孔子的心中，君臣关系是平等的。定公问孔子："君使臣，臣事君，如之何？"孔子曰："君使臣以礼，臣事君以忠。"（《论语·八佾》）

到了孟子这里，君臣关系是相对的："君待臣像手足，那臣就会把君当心腹；君待臣如犬马，那臣就会把君当陌生人；君待臣如泥土、草木一样，那臣就会把君视为匪寇仇敌。"

孟子之后，君臣关系就变成从属关系，"君为臣纲"（《春秋繁露·精华》）。

蒋伯潜曰："君之于臣，视如手足，恩礼之至也。视如犬马，只供玩好骑乘，已贱之矣，但尚有豢养之恩。视如土芥，则蹂躏斩艾，毫不顾恤矣。臣之于君，视如腹心，亲爱之至也。国人，犹路人；视如国人，则休

戚不相关矣。如寇雠，则仇恨之至也。"（《新刊广解四书读本》）

从"君臣关系"的变迁，可认识到国家治理是如何从"公天下"一步一步走向"家天下"的。

■　　王曰："礼，为旧君有服，何如斯可为服矣？"

"礼"，《仪礼·丧服》中记载："以道去君而未绝者，服齐衰三月。"齐宣王问孟子："礼制规定，已离职的臣子要为旧君服丧，君主怎么做才能使臣下为之服丧呢？"其实，齐宣王这样问孟子，他是想用古代的礼制来反驳孟子的言论。

曰："谏行言听，膏泽下于民；有故而去，则君使人导之出疆，又先于其所往；去三年不反，然后收其田里。此之谓三有礼焉。如此，则为之服矣。今也为臣，谏则不行，言则不听；膏泽不下于民；有故而去，则君搏执之，又极之于其所往；去之日，遂收其田里。此之谓寇雠。寇雠，何服之有？"

孟子给出"三有礼"：第一，臣子的谏言被采纳，恩惠下层百姓；第二，臣子因故离开诸侯国时，君主要派人护送出境，并先派人到臣子要去的地方做好安排；第三，臣子离开后三年不回来，才收回他的土地和住宅。

礼尚往来。君有礼遇，臣有恩报。君主这样做了，臣子就会为他服丧。

"搏执"，即捆绑，扣押。"极之于所往"，到臣下要去的地方制造麻烦。孟子把当下君主对待臣下的做法，定义为"寇雠"，即强盗或仇敌。

"寇雠，何服之有？"孟子的这一问，使封建专制者们心惊胆战。

8.4　孟子曰："无罪而杀士，则大夫可以去；无罪而戮民，则士可以徙。"

孟子说："士人并没有犯罪，却被杀掉，那么大夫就可以离开了；民众并没有犯罪，却被处死，那么士人就可以避开了。"

不要以为君主践踏百姓与己无关。事不关己，高高挂起，最后往往害人害己。

《易经·象辞》曰："履霜坚冰至。"冰冷三尺非一日之寒。"君子不立于危墙之下"（《孟子·尽心下》），居安要思危。

孟子告知后人："君子当见几而作，祸已迫，则不能去矣。"（《四书章句集注》）"非所困而困焉，名必辱。非所据而据焉，身必危。""几者，动之微，吉之先见者也。君子见几而作，不俟终日。""君子知微知彰，知柔知刚，万夫之望。"（《易经·系辞下》）

8.5　孟子曰："君仁，莫不仁；君义，莫不义。"

孟子说："君主如果仁，便没有人不仁；君主如果义，便没有人不义。"

我们还可以接着往下讲——君正，莫不正；君廉，莫不廉。

所以，上位者最重要的是管理好自己。反求诸己，"立德""立言""立功"；率先垂范，"君子之德风，小人之德草"（《论语·颜渊》）。

君者，贵在正己。修身养性，心怀仁爱。

8.6　孟子曰："非礼之礼，非义之义，大人弗为。"

康有为说："流俗亦自有礼，乱世亦自有义，所谓非礼之礼，非义之义也。大人正己而物正，拨乱世而反之正，改陋俗而还之清，安有俯从流俗者乎?"（《孟子微》）

礼要合时，义要合道。

8.7　孟子曰："中也养不中，才也养不才，故人乐有贤父兄也。如中也弃不中，才也弃不才，则贤不肖之相去，其间不能以寸。"

"中"，守中道的人。"才"，有才能的人。"养"，涵养，熏陶。"贤"，贤德。

"中也养不中，才也养不才"，这是古往今来的教养之道。德行好的人来教育、熏陶德行不好的人，有才能的人来教育、熏陶才能差的人。

"故人乐有贤父兄也"，人生下来，最大的喜乐是有贤父、贤兄。以前父母去世后，敬兄如父，视嫂如母。所以老大不好当，长子就是带头人，就是榜样。一家之中，有贤父，有贤兄，经过教养、熏陶，"不中""不才"的后来者，也会慢慢变得品德中正、有才有为。

如果有德行的嫌弃而不教育德行差的，有才能的嫌弃而不教育才能差的。那么，贤的父兄和不贤的父兄，他们之间的差别又有多大？张居正说："所以古之圣王，蚤建太子而豫教之，自孩提有识，即使之闻正言，见正事，使习与知长，化与心成，此养之之说也，为宗社长久计者，不可不知。"（《张居正讲评〈孟子〉》）

蒋伯潜曰："言人之所以乐有贤父兄者，以其能教育之也；若为父兄者，以其子弟为不中不才而遽弃之，则所谓贤父兄者，与不肖之父兄，相去能有多少？"（《新刊广解四书读本》）

读完本章，我认为：为父为兄者，自身当勤勉精进，能贤；为父为兄者，以启发后生为己任，能教。

▍ 8.8 孟子曰："人有不为也，而后可以有为。"

"有不为"才能真正有所为。

程子曰："有不为，知所择也。惟能有不为，是以可以有为。无所不为者，安能有所为邪？"（《二程遗书》）

"是不为也，非不能也"（《孟子·梁惠王上》），"不为"是因为有价值取舍。一个人的精力有限，为其所长而为之，避其所短而不为，才有可能精于一处，真正有所作为。

"狂者进取，狷者有所不为也。"（《论语·子路》）

毓老师说："得'反求诸己'，内省才能有为，有守有为。"（《毓老师说孟子》）守也是一种作为。

"而后可以有为"，《易经·坤卦》曰："先迷失道，后顺得常。"

蒋伯潜说："有所不为者，行己有耻，以廉隅自饬者也。必如此，方可以有为。若寡廉鲜耻，无所不为之人，则败事有余，成事不足，决不能有所作为。今世往往视有所不为者为迂执，为消极，以为不足有为；奔走钻营，非但恬不知耻，且群目为干练之才；此国事之所以不可为也。"（《新刊广解四书读本》）

真正的"有为"不易，真正的"不为"更难。

企业运营也一样，"有不为也，而后可以有为"。

▌8.9　孟子曰："言人之不善，当如后患何?"

孟子说："谈论他人的不好，由此带来的后患该怎么办呢?"

不知孟子为什么说这句话，又是在什么情境下说的这句话。他见了梁襄王，出来告诉别人"望之不似人君"，看来，他本人也"言人之不善"。

蒋伯潜曰："自命能干的人，最喜欢说人家的不好；不知其有后患，故孟子有此叹。"（《新刊广解四书读本》）

赵岐曰："章指言：好言人恶，殆非君子。故曰：'不忮不求，何用不臧?'"（《孟子章句》）

8.10　孟子曰："仲尼不为已甚者。"

"已"，太也。"已甚"就是太过。"仲尼不为已甚者"，孔子做人做事，恰到好处。

朱熹引杨氏注曰："言圣人所为，本分之外，不加毫末。非孟子真知孔子，不能以是称之。"（《四书章句集注》）

"人而不仁，疾之已甚，乱也。"（《论语·泰伯》）

仁者无我，中道而行。

张居正说："后世学圣人者，或持论太深，以玄虚为理奥；或处己太峻，以矫激为名高，皆叛于仲尼之道者也。"（《张居正讲评〈孟子〉》）

8.11　孟子曰："大人者，言不必信，行不必果，惟义所在。"

为什么说"大人者，言不必信"？又为什么说"行不必果"呢？

关键要看下句："惟义所在。"

《易经·随卦》曰："随，刚来而下柔，动而说，随。大亨贞，无咎，而天下随时。随时之义大矣哉！"

"变通者，趋时者也。""变动不居，周流六虚，上下无常，刚柔相易，不可为典要，唯变所适。"（《易经·系辞下》）

"唯变所适"与孟子的"惟义所在"有共通处。

春夏秋冬四季的变迁，是因为地球围着太阳公转。变的是气温、季节，不变的是太阳本身的灼热。言，因情境的变化而变；行，因时势的变化而变。但是，变中有不变，那就是"义"。

《易经·乾卦》曰："夫大人者，与天地合其德，与日月合其明，与四时合其序，与鬼神合其吉凶。""合"就是"随"，也就是"惟义所在"。

如果丢掉了"惟义所在"，那"言不必信，行不必果"就有大问题了。不宜断章取义。

▌ 8.12 孟子曰："大人者，不失其赤子之心者也。"

"赤子"，初生的婴儿。朱熹注："大人之心，通达万变；赤子之心，则纯一无伪而已。然大人之所以为大人，正以其不为物诱，而有以全其纯一无伪之本然。是以扩而充之，则无所不知，无所不能，而极其大也。"（《四书章句集注》）

毓老师说："'大人者，与天地合其德''天无私覆，地无私载''生而不有，为而不恃'，天德好生、尚德、无私。'赤子'，初生婴儿，诚实无妄，不知有私。'不失其赤子之心'，存赤子之心，返老还童，成德了，为大人，有公心无私心，没有分别心。"（《毓老师说孟子》）

老子曰："含德之厚，比于赤子。毒虫不螫，猛兽不据，攫鸟不搏。骨弱筋柔而握固，未知牝牡之合而脧作，精之至也，终日号而不嘎，和之至也。知和曰常，知常曰明……"（《道德经》）

人人都有过赤子之心，也可再找回这颗赤子之心，所以说"人人皆可成尧、舜"。什么是不可失的？什么是可失的？你我当深刻反省。

南怀瑾说："所谓'赤子之心'并不是指长得大或长不大，而是指永远保持干净、纯洁、诚恳、少爱憎、少恩怨、仁慈、爱物的心理。真正修养的境界，如学佛学道，明心见性，初步都是为了恢复赤子之心。"（《孟子与离娄》）

8.13　孟子曰："养生者不足以当大事，惟送死可以当大事。"

孟子说："平时奉养父母还不算大事，只有给父母送终安葬才算得上大事。"

我们现代人可能不太认同孟子的这句话。父母活着时候，尽孝赡养，怎么就不是大事呢？我以为，当下的尽孝最重要，切不可留下"子欲养而亲不待"（《韩诗外传》）的遗憾。

前文说："事，孰为大？事亲为大。""事亲"当然包括"养生"，所以，孟子也承认"养生"是一件大事了。但此处，他为什么要拿"养生"和"送死"相比较呢？为什么强调"惟送死可以当大事"呢？

张居正说："孟子此言，非以养生为轻，盖见当时墨子之徒，以薄葬之说惑乱天下，至于伤一本之恩，故以此警之，亦维世教之意也。"（《张居正讲评〈孟子〉》）我认同张居正的解释，孟子当时说出此言是有其特殊语境的。

一个人，如果连送父母最后一程都不当大事，那让他赡养父母就是做梦。张居正说："所以先王制礼，于丧葬之际，尤极周详，盖欲为人子者，必诚必信，而不至有后日之悔也。"（《张居正讲评〈孟子〉》）

两千多年后的今天，我们再读《孟子》，时已过境已迁，如今应该是：送死是大事，养生更是大事！

8.14　孟子曰："君子深造之以道，欲其自得之也。自得之则居之安，居之安则资之深，资之深则取之左右逢其原，故君子欲其自得之也。"

本章孟子讲学习之法。

"自得"，不是他得。老师领进门，修行在个人。只有自己想学，才会有真得。如果学习只是为了考试，考完就抛到九霄云外了。

你不想学，别人能硬塞给你吗？即使你跟孔子住在同一个小区，你就会跟着孔子学道吗？

"深造之以道"，倒装句式，"以道""深造之"。"造"，造诣。朱熹注："深造之者，进而不已之意。"（《四书章句集注》）深造之人，只见其进，不见其止。"发愤忘食，乐以忘忧，不知老之将至云尔。"（《论语·述而》）"以道"，沿着正确的道路，依循正确的方法。

"欲其自得之也。""自"，自求。毓老师说："'自得'，自己去求，得自己所要得者。不外求，别人抢不得，也帮不了。"（《毓老师说孟子》）

"自得之"，犹如《大学》的"知止"。其后"得"，便"取之左右逢其原"。"原"，本源。"取之不尽，用之不竭。"（《赤壁赋》）

"自得之则居之安"。"居"，守。"安"，泰然。颜回"在陋巷，人不堪其忧，回也不改其乐"（《论语·雍也》）。

"居之安则资之深"。"资"，供给。以道深造，自得心安，供给自然深厚。

"故君子欲其自得之也"，重要的话，孟子说两遍，再强调一次！

朱熹引程子注曰："学不言而自得者，乃自得也。有安排布置者，皆非自得也。然必潜心积虑，优游餍饫于其间，然后可以有得。若急迫求之，则是私己而已，终不足以得之也。"（《四书章句集注》）

张居正说："天下无心外之道，亦无心外之学，君子为学奋其向往的工夫，致知力行，惟日孜孜而不已。又依着进为的方法，下学上达，循循有序而不骤。似这等深造而必以其道者，欲何为哉？盖欲其有所持循，以俟夫真积力久，默识心通，自然而得此理于己也。夫学非自得，则心与理不相融贯，居之必不能安；既自得矣，则心与理一，理与心会，精神凝定，外物不得而摇夺，居之岂有不安？惟居之安，则一真不挠，众善咸萃，溥博渊泉，自可藉用而不穷。资之岂有不深？资之既深，则事感于外，理应于中，左边事来有应左边的道理，右边事来有应右边的道理，或左或右，无不会逢其应用之本原，而天下之事，取之一心而裕如矣。"（《张居正讲评〈孟子〉》）

8.15　孟子曰："博学而详说之，将以反说约也。"

"约"，简要。

此章还是上一章的延续，孟子继续介绍研究学问之法。

孟子说："广博地学习而详细地加以解说，总结出简明精切的要点。"

孟子的学习方法是和先贤的学问之法一脉相承的。

他的老师子思说："博学之，审问之，慎思之，明辨之，笃行之。"（《中庸》）

颜回曾感叹他的老师孔子："博我以文，约我以礼，欲罢不能。"（《论语·子罕》）

"博学"，是第一步。只有广博，方可扩展自己的见识。只有广博，才不会故步自封。

朱熹注："言所以博学于文，而详说其理者，非欲以夸多而斗靡也；欲其融会贯通，有以反而说至约之地耳。"（《四书章句集注》）由博到简，"易简而天下之理得矣"（《易经·系辞上》）。

王船山曰："《集注》'夸多斗靡'云云，是专就俗儒记诵词章之学反说。若孟子之意，则俗儒、异端之妄俱于此辟之。故徒博无益，径约则谬。""故不深造之以道，必不能自得；不博学而详说，必无以说约。"王船山又曰："圣贤分别处，只是深造以道，只是博学、详说，于此做得清楚有绪，更不消向自得及说约处立门庭矣。"（《船山遗书》）

南怀瑾说："学问之道，必须知识渊博，不走渊博的路线不行。要在渊博以后，再求专精。"（《孟子与离娄》）

8.16　孟子曰："以善服人者，未有能服人者也；以善养人，然后能服天下。天下不心服而王者，未之有也。"

"服"，让人信服。"养"，涵养，熏陶。

"以善服人者，未有能服人者也"，用善来使别人服气，不能使他人折服。

"以善养人，然后能服天下"，我学善、行善，自己收益良多。用善影响他人，用先觉觉后觉。张居正说："善不独善，而推以养人，涵育熏陶，务使同归于善而后已。此则以曲成万物为心，以兼善天下为度，若此者乃可以服天下，使之心悦诚服以归于我，而可为天下王矣。"张居正又言："夫善一也，以之服人，则人未必服；以之养人，则心服而王。心之公私少异，而人之向背顿殊，王霸之分，其端正在于此。"（《张居正讲评〈孟子〉》）

"以善服人者"，其出发点是自己；"以善养人"者，其出发点是他人。

朱熹注："服人者，欲以取胜于人；养人者，欲其同归于善。"（《四书章句集注》）

蒋伯潜曰："可以说空口说善，是无益的；必须有实惠及人，然后人能服他。现在一班人，最喜发表议论，虽所说的都是所谓'善'，但人家是不会服从他的。要把所说的善，实实在在地做出来，加惠于人，然后才能服天下的人也。"（《新刊广解四书读本》）

"以善养人"，真善也。

8.17　孟子曰："言无实不祥，不祥之实，蔽贤者当之。"

"言无实不祥"，大家都不说实话，能是好兆头吗？文风也一样，假、大、空，皆不祥。

"不祥之实，蔽贤者当之"，"言无实"的后果，应该由那些遮蔽贤慧的人负责。

为什么不说实话了？因为"言实"之人遭到了迫害。

晏子说："国有三不祥，是不与焉。夫有贤而不知，一不祥；知而不用，二不祥；用而不任，三不祥也。"（《晏子春秋》）

8.18　徐子曰："仲尼亟（qì）称于水，曰：'水哉，水哉！'何取于水也？"

孟子曰："原泉混混，不舍昼夜，盈科而后进，放乎四海。有本者如是，是之取尔。苟为无本，七八月之间雨集，沟浍（kuài）皆盈，其涸也，可立而待也。故声闻过情，君子耻之。"

"徐子"，孟子的弟子。他问孟子："孔子为什么多次称赞水？水有什么可取之处？"

在《论语·子罕》中，孔子在川上曰："逝者如斯夫！不舍昼夜。"

不光是儒家的孔子，道家的创始人老子也曰："上善若水，水善利万物而不争。"（《道德经》）

仁者见仁，智者见智。孟子认为孔子喜欢称赞水，是因其有本有源。有源头的泉水滚滚奔流，昼夜不停，行到低洼之处，注满了再继续向前，一直到汇入大海。有本源的事物都是这样。这就是孔子"取于水"的原因。

人生悟道，如有源之水。

毓老师说："'盈科而后进'，循序渐进。此为水之德，水遇有坑洞，必将之填满，再往前行进，故能平天下之不平。'放乎四海'，欲罢不能，有本有源。放于四海而皆准，四海以此为准，天下事有个准则。'有本者如是'，本立而道生，源源不竭；'是之取尔'，以水为师，要善养，善用智慧。"（《毓老师说孟子》）

许仁图说："孔学以孝弟为行仁之本。所以儒家之爱有本有源，如水流般'盈科而后进'，必也先亲亲再仁民、爱物，爱有亲疏等差，不可齐头式地一视同仁。'老吾老以及人之老，幼吾幼以及人之幼'，是先行老吾老幼吾幼，再及人之老人之幼。"（《说孟子》）

朱熹注："言水有原本，不已而渐进以至于海；如人有实行，则亦不已而渐进以至于极也。"（《四书章句集注》）

孟子担心听者没有彻底领悟，就从相反方向再次举例说明。他说："如果是无本之水，如七八月下了大雨，雨水汇集，大小沟渠都满了，但是只要雨一停就立即干涸。"

所以，名声超过实情之事，君子耻之。

子曰："君子疾没世而名不称焉。"（《论语·卫灵公》）虚名累身，君子最害怕的是名实不相符。如果一个社会，所谓的士大夫、知识分子、精英阶层等都欺世盗名，这个社会的道德能好吗？

张居正说："观于水，而君子之为学可以类推矣。故人能反身修德，使养深而蓄厚，然后实大声宏，而名誉随之，这便是有本之水，渐进而不已的意思。此君子之所贵也，如道德本无足称而声誉反过其实，则一时虽能掩饰，日久必然败露，就是沟浍之水易盈易涸的一般。岂非君子之所深耻而不居者乎？"（《张居正讲评〈孟子〉》）

蒋伯潜曰："水流昼夜不止，似君子之自强不息。盈科后进，似君子之循序渐进，而不躐等。放乎四海，似君子之欲罢不能，必求至道。故孔子取之也。若纯盗虚声，而实不足以副之，则如大雨之后，沟浍中一时充满的水；虽亦有泛滥之势，终是无源之水，不久即干，故君子耻之也。"（《新刊广解四书读本》）

一个人如果志向高远，真要学习，就要以经典为本，知行合一。如此，便如"原泉混混，不舍昼夜"，可以"取之不尽，用之不竭"（《赤壁赋》），长此以往，能不有成？

8.19 孟子曰："人之所以异于禽兽者几希，庶民去之，君子存之。舜明于庶物，察于人伦，由仁义行，非行仁义也。"

"人之所以异于禽兽者几希"。"几希"，少也。意思是人不同于禽兽的地方很微小。

张居正说："按孟子所言'几希'，即《虞书》上说'人心惟危，道心惟微'的意思。盖'几希'不存，即入于禽兽，何危如之？'几希'之介，间不容发，何微如之？若择之惟精，守之惟一，则'几希'之理，自能常存矣。此圣学之渊源，而孟子独得其传者也。读者宜究心焉。"（《张居正讲评〈孟子〉》）

用熊十力先生的话说，此处是最"吃紧处"。

"人心惟危，道心惟微，惟精惟一，允执厥中。"（《尚书·大禹谟》）传承到孟子处，他又以另一种方式表达出来。

"庶民去之，君子存之"，一"去"一"存"，"去"的是什么？"存"的又是什么？"去之"，丢掉了那个"几希"；"存之"，保存了那个"几希"。"几希"，人和禽兽微小的差异。

你我平常关注过这个"几希"吗？

"庶民"，大众。"君子"，成德之人。"存"，坚守也。

毓老师说："'小人去之'，一般人不能分别，一不小心，就成禽兽了！'君子存之'，君子存微，故能识微、察微，《春秋》贵微，'莫见乎隐，莫显乎微'（《中庸》）。人性，兽性，人知有伦，禽兽不知伦，故乱伦。"（《毓老师说孟子》）

张居正说："天地之间人为最贵，与禽兽迥然不同，人皆知之。然其所以异于禽兽者，则未之知也。盖人物之生，其初受形受性也是一般，但禽兽则有偏而不全，塞而不通的去处，惟人心这点虚灵，理会得来，充拓得去，可以尽性而践形，只这些子与禽兽分别，其相去能有几何？此所以谓之几希也。既曰几希则出乎此，入乎彼，其端甚微，而操则存，舍则亡，所关亦甚重矣。乃众人则拘于气禀，夺于物欲，把那几希之理去之而不能存，是以陷于禽兽而不自知耳。惟君子能反观内省，察识扩充其几希之理，真能存之又存，不敢失坠者，是岂庸人所能及哉？"（《张居正讲评〈孟子〉》）

毓老师、张居正所说的君子，是真君子。伪君子还不如真小人。

朱熹的学生元昭曾问老师，何谓"君子存之"？朱熹曰："存是存其所以异于禽兽之道理。今自谓能存，只是存其与禽兽同者耳。饥食渴饮之类，皆其与禽兽同者也。"他又曰："人之异于禽兽，是'父子有亲，君臣有义，夫妇有别，长幼有序，朋友有信'。"（《朱子语类》）

王船山曰："朱子云'今人自谓能存，只是存其与禽兽同者'，此语如迅雷惊蛰，除朱子外，无人解如此道。必知其异，而后可与言存。若云与禽兽均有之心，但存得即好，其不致'率兽食人，人将相食'者几何哉！"（《船山遗书》）

同样是"存"，但"存"的是人和禽兽的不同处。但可悲的是，人往往要"存"人和禽兽的相同处。

"明于庶物，察于人伦"，即"懂得世间万物的道理，明察人间的伦理人情"。

毓老师特别指出："'圣人，人伦之至'，师生关系'犹父犹子'，不能乱伦。"

"由仁义行，非行仁义也。""由仁义行"，仁义内化于心，外化于行。"行仁义"，遵从"仁义"而行事。比如说孝敬父母一事，仁义之人觉得天经地义；而不仁义之人，则为了博"孝敬"之名而行，为那个"仁义"而做。

毓老师说："'由仁义行'，仁义生于己，本仁义而行，不管外面环境如何，得'守死善道'（《论语·泰伯》），'造次必于是，颠沛必于是'（《论语·里仁》），'素富贵行乎富贵，素贫贱行乎贫贱，素夷狄行乎夷狄，素患难行乎患难。'（《中庸》）'非行仁义'，行仁义，伪君子。'小人闲居为不善，无所不至，见君子而后厌然，掩其不善，而著其善。人之视己，如见其肺肝然，则何益矣！'（《大学》）"（《毓老师说孟子》）

孟子用短短几十个字，给我们讲明了三层意思，而且层层递进——

第一层，"人之所以异于禽兽者几希"，要我们关注人与禽兽的微小差别。

第二层，"庶民去之，君子存之"，要我们防止"去"人与禽兽所异，要"存"人与禽兽所同。

第三层，"舜明于庶物，察于人伦，由仁义行，非行仁义也"，要我们以舜为榜样，砥砺前行。

> 8.20　孟子曰："禹恶旨酒而好善言。汤执中，立贤无方。文王视民如伤，望道而未之见。武王不泄迩，不忘远。周公思兼三王，以施四事，其有不合者，仰而思之，夜以继日，幸而得之，坐以待旦。"

孟子这一章讲了中国历史上五位圣贤的故事。最后一位是周公，集前四位之大成。"思兼三王，以施四事"，以夏、商、周三代大王的心思为己任，以禹、汤、文王、武王的伟业为担当。"其有不合者，仰而思之，夜以继日"，如果有不符合当时情况的，就抬着头思考，白天没想好，晚上继续。"幸而得之，坐以待旦。""旦"，天明也。幸而想明白了，就坐等天明来实施。

我们再回过头来，看周公的"思兼三王，以施四事"，其指的是什么？

"禹恶旨酒而好善言。""禹"，夏王，夏朝的奠基人。"旨酒"，味道好的美酒。大禹厌恶美酒，却喜欢听至理名言。

"帝女令仪狄作酒，而美，进之禹。禹饮而甘之，遂疏仪狄而绝旨酒，曰：'后世必有以酒亡其国者。'"（《战国策·魏策》）仪狄酿了好酒，奉献给大禹。大禹饮之觉得甘美，我们普通人认为应该表扬。但大禹却不同，他从此疏远了仪狄，认为甘美之酒必然导致亡国，"而绝旨酒"。

"汤执中，立贤无方。"朱熹注："执，谓守而不失。中者，无过不及之名。方，犹类也。立贤无方，惟贤则立之于位，不问其类也。"（《四书章句集注》）

在《论语·尧曰》中，"尧曰：'咨！尔舜！天之历数在尔躬，允执其中。四海困穷，天禄永终。'舜亦以命禹"。可见，禹的"执中"是从尧、舜传承下来的。

"立贤无方"，英雄莫问出处。汤用贤，无区域、出身的观念束缚。

"文王视民如伤，望道而未之见。"朱熹注："民已安矣，而视之犹若有伤；道已至矣，而望之犹若未见，圣人之爱民深而求道切如此，不自满足，终日乾乾之心也。"（《四书章句集注》）"视民如伤"，对待百姓总像他们受了委屈。为官者，最要紧的是要有同理心。"望道而未之见"，像还没有见到正道那样努力。

"武王不泄迩，不忘远。"武王对于近者不狎，对于远者不忘，远近兼顾。张居正说："夫近而不泄，则修之身心者严以密，可以见其德之盛；远而不忘，则施之政事公而溥，可见其仁之至。"（《张居正讲评〈孟子〉》）

孟子为什么没从尧、舜讲起，而是先列举禹、汤、文王、武王的事例呢？我们想想孟子说话的语境，就清楚他这么说的用意了。孟子看到战国时期的诸侯王，不"以民为本"，甚忧虑。他告诫这些后来者，学学周公，"思兼三王，以施四事，其有不合者，仰而思之，夜以继日，幸而得之，坐以待旦"。

"三王""四事"是中国古代从政者的榜样。克己奉公，勤政为民，永远是上位者的座右铭。今日的为官者，应当把孟子此言铭记在心！

8.21 孟子曰："王者之迹熄而《诗》亡，《诗》亡然后《春秋》作。晋之《乘》、楚之《梼杌（táo wù）》、鲁之《春秋》，一也。其事则齐桓、晋文，其文则史。孔子曰：'其义则丘窃取之矣。'"

孟子的这段文字介绍了《春秋》的来历。

司马迁在其《史记·太史公自序》一文中，更加详尽地讲述了孔子著《春秋》的原因——

上大夫壶遂曰："昔孔子何为而作《春秋》哉？"太史公曰："余闻董生曰：'周道衰废，孔子为鲁司寇，诸侯害之，大夫壅之。孔子知言之不用、道之不行也，是非二百四十二年之中，以为天下仪表，贬天子，退诸侯，讨大夫，以达王事而已矣。'子曰：'我欲载之空言，不如见之于行事之深切著明也。'夫《春秋》，上明三王之道，下辨人事之纪，别嫌疑，明是非，定犹豫，善善恶恶，贤贤贱不肖，存亡国，继绝世，补敝起废，王道之大者也。"

孟子是文章大师。上一章言"三王""四事"，落笔于周公；这一章言"王者之迹熄""《诗》亡""《春秋》作"，落笔于孔子。

三段连起来看，孟子之意一目了然——我孟子的学说是有传承的。

张居正说："《诗》有体：作于列国谓之风；作为王朝谓之雅；作于宗庙谓之颂。这《诗》，指二雅说。"他又曰："及平王东迁，政教号令不及于诸侯，而王者之迹熄灭无存，由是朝会宴享之乐，不奏于朝廷；规谏献纳之诗，不陈于卿士。《黍离》以后，体制音节与列国无异，而雅亡矣。此时上下陵夷，名分倒置，天下之乱，将不知其所止。孔子忧之，于是作为《春秋》。"（《张居正讲评〈孟子〉》）

前文也说:"世衰道微,邪说暴行有作,臣弑其君者有之,子弑其父者有之。孔子惧,作《春秋》。"(《孟子·滕文公下》)这只不过是"《诗》亡然后《春秋》作"的另一种说法而已。

为什么说中国是文明古国?中国自古以来,就有记史的传统,而且几千年没有中断。晋国的国史叫《乘》,楚国的国史叫《梼杌》,鲁国的国史叫《春秋》。"一也",都是一样的。记录的都是国之大事。

中国自古以来,就注重以史为鉴。蒋伯潜曰:"晋之史,名曰《乘》,乘,载也。史所以记载事实,故名。楚之史,名曰《梼杌》,梼杌本恶兽,史记恶人之事以重戒,故名。鲁之史,名曰《春秋》,因为是编年史,故于四季错举其二以为名。"(《新刊广解四书读本》)

孔子的《春秋》是在鲁国国史的基础上修订的,所引用的史实都来自齐桓公、晋文公时期的记事;其文,无非是鲁史的旧文。但孔子的《春秋》,其义却与国史大大不同。也可以说,孔子以自己的历史观、价值观,重新注解了春秋战国时期的历史。"拨乱世反之正,莫近于《春秋》。"(《史记·太史公自序》)所以,孔子才曰:"知我者其惟《春秋》乎!罪我者其惟《春秋》乎!"(《孟子·滕文公下》)

"其义则丘窃取之矣。""窃取",谦辞。看孔子多么谦卑,影响了中国几千年的"春秋大义",他就这么一句话了之。

后世司马迁对先圣的未尽之言做了补充:"《春秋》文成数万,其指数千。万物之散聚皆在《春秋》。《春秋》之中,弑君三十六,亡国五十二,诸侯奔走不得保其社稷者不可胜数。察其所以,皆失其本已。故《易》曰:'失之毫厘,差以千里。'故曰:'臣弑君,子弑父,非一旦一夕之故也,其渐久矣!'故有国者不可以不知《春秋》,前有谗而弗见,后有贼而不知。为人臣者不可以不知《春秋》,守经事而不知其宜,遭变事而不知其权。为人君父而不通于《春秋》之义者，必蒙首恶之名。为人臣子而不通于《春秋》之义者，必陷篡弑之诛，死罪之名。其实皆以为善，为之不知其义，被之空言而不敢辞。夫不通礼义之旨，至于君不君，臣不臣，父不父，子不子。君不君则犯，臣不臣则诛，父不父则无道，子不子则不孝。此四行者，天下之大过也。以天下之大过予之，则受而弗敢辞。故《春秋》者，礼义之大宗也。夫礼禁未然之前，法施已然之后；法之所为用者易见，而礼之所为禁者难知。"（《史记·太史公自序》）

8.22　孟子曰："君子之泽五世而斩，小人之泽五世而斩。予未得为孔子徒也，予私淑诸人也。"

这一章孟子讲了自己的师承。

一世为三十年。

"君子之泽五世而斩，小人之泽五世而斩。""泽"，恩泽。"斩"，绝也。君子的流风余韵五世以后便断绝了，小人的流风余韵也是五世之后才断绝。

你从哪里来？你到哪里去？传承就是跑接力赛，跑好自己的这一棒是最关键的。所以，到什么年龄都不能"躺平"，乾乾君子，勤奋好学，"不知老之将至"。做一天和尚，就要撞好一天钟。

"予未得为孔子徒也"，我遗憾不能与孔子生在同一时期，不能做孔子的入门弟子，得到孔子的直接教导。碌碌一生，遇不见一位良师，此乃人生的一大遗憾。

"予私淑诸人也。""淑",善。孟子说:"我是私下从他的传人那里学习的。"孟子受业于子思门人。孔子传曾子,曾子传子思,子思传一弟子门人,这一门人再传孟子。孟子正好在五世之内。

至于具体是哪个门人,孟子也没有说。

毓老师说:"'私淑',未亲自受教。我私淑熊十力。"(《毓老师说孟子》)毓老师怎么就"私淑熊十力"了?难道研读熊十力的著作也算"私淑"吗?南怀瑾说:"虽然没有当面受教,可是内心认他为师,就是他的私淑弟子了。但凡是当面受过教、听过课的,则不能称为私淑弟子。"(《孟子与离娄》)

张居正说:"孟子历叙舜、禹之事,至于周孔而以是终之。盖尧、舜以来相传之道,孔子集其成,而孟子承其绪,其自任之重,见乎词矣。"(《张居正讲评〈孟子〉》)

南怀瑾说:"我们看到孟子写文章的高明。他从尧、舜、禹、汤、文、武、周公、孔子一直说到自己,在字里行间、文字背面,等于在说:我孟轲是今日唯一继承这个道统的人。……不过后世的学者们,从宋儒开始,包括现代的在内,就往往是:'尧、舜、禹、汤、文、武、周公、孔子、孟子、我'了。这一个'我',问题可真严重了,人人皆'我'一下,中国文化的道统将来可不知被'我'到哪里去了。"(《孟子与离娄》)

8.23 孟子曰:"可以取,可以无取,取伤廉;可以与,可以无与,与伤惠;可以死,可以无死,死伤勇。"

蒋伯潜曰："廉是不苟取于人；惠是有利益给人；勇是对于应该做的事，毫不退缩。"（《新刊广解四书读本》）

一个人的选择，常常在两端之间。为什么偏向左端，或为什么偏向右端，背后都有其价值判断。

自古以来，中华文化把"廉"视为一个人的高贵品质。有词如清廉、廉洁。

"可以取，可以无取"。君子爱财，取之有道。我干一个月的活儿，拿我应该拿的工资，这当然问心无愧了。最难处理的是"可以取，可以无取"，这需要一个人的定力和价值判断。"可以取，可以无取"，你取了，下次你遇到"可以取，可以无取"的情况，你还会去取。不知不觉，这种"取"已伤害了你的"廉"。一个人的贪婪不就是这样一点点膨胀的吗？历史上有管宁和华歆"割席断交"的典故，讲的就是这个道理。

"可以与，可以无与，与伤惠"。"惠"，惠及他人。不要简单地以为给人财、物是好事，有时，没必要的帮助会害了别人。最典型的是当代的爷爷奶奶照看孙子，孙子吃饭，他们恨不得嚼烂了喂，这就是"伤惠"。蒋伯潜曰："某项利益，在可以给人，可以不给人之间的。我为要见好于人，竟给了人，这是给得没有什么道理的，是反有伤于惠的。"（《新刊广解四书读本》）

"可以死，可以无死，死伤勇"，可以死，也可以不死，死便是对勇的损伤。生死是人生最大的事情，但是人往往搞不清楚我为什么要生，又为什么去死。"智""仁""勇"，三达德。有大智、大仁才有大勇。一个人，在"可以死，可以无死"之间选择死，恰恰伤害了真"勇"。孔子的弟子子路，因为孔悝之难枉死于卫国，印证了这个道理。人都有一死，"或重于泰山，或轻于鸿毛"（《报任少卿书》）。

张居正说："可见天下之事，自取与之间，以至死生之际，大小难易，皆有中道，固不当徇欲害理，以流于不及，亦不必立异好名，以涉于太过。然其可否之几，间不容发，则在乎能择而已。孟子此章正《中庸》'择善固执'之功，学者不可不审也。"（《张居正讲评〈孟子〉》）

8.24 逢（páng）蒙学射于羿，尽羿之道，思天下惟羿为愈己，于是杀羿。孟子曰："是亦羿有罪焉。"

"羿"，古时的善射者。"逢蒙"，羿的弟子。逢蒙学射的故事记载在《左传》里。

开篇说逢蒙跟着羿学射箭之术，完全学会了羿的所有射法后，心想普天之下只有羿比自己强，于是就把羿杀了。

孟子怎么看这件事？孟子说："这件事，羿也有错误。"

按照常人的想法，学生学艺，不感恩就罢了，怎么能把老师杀了？

看毓老师的评价："这章告诉我们为人处世之道。为人师，岂是容易！经师易得，人师难求。为人师的，有无尽师道？教育是良知事业，要有像样的传人。不是讲而是行，行教重于言教。"（《毓老师说孟子》）

良师难遇，贤弟子更难寻。

自古以来，真正能传大道的良师有多少？真正能得大道的贤弟子又有几人？

跟着谁学习很重要，选择谁当老师也很重要。逢蒙有艺，但无德。

羿只传术，不传道。逢蒙有罪，羿也有错。错在选错了人。

企业选人用人也一样，为什么要"德才兼备，以德为先"呢？

公明仪曰："宜若无罪焉。"

曰："薄乎云尔，恶得无罪？郑人使子濯（zhuó）孺子侵卫，卫使庾公之斯追之。子濯孺子曰：'今日我疾作，不可以执弓，吾死矣夫！'问其仆曰：'追我者谁也？'其仆曰：'庾公之斯也。'曰：'吾生矣。'其仆曰：'庾公之斯，卫之善射者也，夫子曰吾生，何谓也？'曰：'庾公之斯学射于尹公之他，尹公之他学射于我。夫尹公之他，端人也，其取友必端矣。'庾公之斯至，曰：'夫子何为不执弓？'曰：'今日我疾作，不可以执弓。'曰：'小人学射于尹公之他，尹公之他学射于夫子。我不忍以夫子之道反害夫子。虽然，今日之事，君事也，我不敢废。'抽矢，叩轮去其金，发乘矢而后反。"

"宜"，大概。公明仪说："羿，大概无罪过吧。"

孟子说："这么轻率传艺，怎能算无罪？"你收学徒，必须要了解此人。

孟子接下来又讲了另外一个故事。

郑国从前派子濯孺子侵犯卫国，卫国派庾公之斯追击他。子濯孺子说："今天我疾病发作了，举不起弓，我死定了。"

子濯孺子问驾车的人："追杀我的是谁呀？"驾车的答道："庾公之斯。"他便说："那我可以活命了。"驾车人说："庾公之斯是卫国有名的射手，您反说能活命了，这是什么道理？"子濯孺子回答说："庾公之斯跟尹公之他学射术，尹公之他是跟我学的射术。尹公之他，是个正派之人，他选取的朋友也一定是正派的。"

庾公之斯追上了子濯孺子，问："您为什么不举起弓？"子濯孺子说："今天我的疾病发作了，拿不起弓。"庾公之斯说："我跟尹公之他学的射术，尹公之他又是跟您学的射术。我不忍心拿您的射术反过来伤害您。但是，今天的事情是两国之间的公事，君主的命令，我不敢私下作废了。"说完便抽出箭，在车轮上敲了几下，去掉箭头，发射四箭，然后转身回去了。

这让我们想到了《三国演义》中关羽在华容道放了曹操的故事。

庾公之斯"不忍以夫子之道反害夫子"，关羽的不以恶报恩。中华文化自古以来推崇大丈夫、真仁义。

建立在道上的术，才是真术。有术无道的传承，既害人又害己。

8.25 孟子曰："西子蒙不洁，则人皆掩鼻而过之。虽有恶人，齐戒沐浴则可以祀上帝。"

"西子"，古代美人，也有人说是越国的西施。"不洁"，污秽之物。"恶人"，与美人相对，貌丑之人。

孟子说："西施如果身上沾满脏臭之物，人们都会捂着鼻子绕过她。即使相貌再丑陋的人，只要经过斋戒沐浴，同样能祭祀上帝。"

天资再好，也要呵护珍惜；素质再差，也有向好的可能。

成与败，皆掌握在自己手中。

朱熹引尹氏注曰："此章戒人之丧善，而勉人以自新也。"（《四书章句集注》）

张居正说："世有材质本美而流于污贱之归，是西子之蒙不洁者也；亦有材质本陋，而反成粹白之名，是恶人之祀上帝者也。然则有善者，固不可不兢业自保以求全其善；有恶者，亦不可不洗濯自新以求易其恶矣。"（《张居正讲评〈孟子〉》）

一个人要常存敬畏之心。任何事情都不可能一蹴而就。只要坚守向善之道，日子长了，终会到达梦想的境界。

8.26　孟子曰："天下之言性也，则故而已矣，故者以利为本。所恶于智者为其凿也，如智者若禹之行水也，则无恶于智矣。禹之行水也，行其所无事也，如智者亦行其所无事，则智亦大矣。天之高也，星辰之远也，苟求其故，千岁之日至可坐而致也。"

朱熹引程子注曰："此章专为智而发。愚谓事物之理，莫非自然。顺而循之，则为大智。若用小智而凿以自私，则害于性而反为不智。程子之言，可谓深得此章之旨矣。"（《四书章句集注》）

赵岐注："章指言：能修性守故，天道可知。"（《孟子章句》）

"天下之言性也，则故而已矣，故者以利为本。"毓老师说："'性'是与生俱来的，是天性，亦即元。"（《毓老师说孟子》）朱熹注："性

者，人物所得以生之理也。"（《四书章句集注》）

"故"，固有的。朱熹注："故者，其已然之迹。"（《四书章句集注》）"则故"，则，法也。

天下人谈论的性，其实"修性守故，反求诸己就足矣"（《毓老师说孟子》）。

"各正性命，保合太和，乃利贞。"（《易经·乾卦》）

"故者以利为本。"毓老师说："'利者，义之和也'，利与义合，是'美利'。人的'美利'是与生俱来的，但是'百姓日用而不知'（《易经·系辞上》），所以一般人只爱其所爱，而君子则无不爱也。'君子体仁，足以长人'，圣人知行合一，体用合一。圣人'贵除天下之患'，即'利天下'，'能以美利利天下，不言所利，大矣哉'，故'以利为本'。"（《毓老师说孟子》）

朱熹注："利，犹顺也，语其自然之势也。言事物之理，虽若无形而难知，然其发见之已然，则必有迹而易见。故天下之言性者，但言其故而理自明，犹所谓善言天者必有验于人也。然其所谓故者，又必本其自然之势；如人之善、水之下，非有所矫揉造作而然者。若人之为恶，水之在山，则非自然之故矣。"（《四书章句集注》）

何为大智慧，顺其自然也。大禹治水，顺水的自然流向而因势疏导。

毓老师说："大智，不'人之为道'，由人性行，由美利行。处事客观，哪有是非？天天没事找事，拨弄是非，庸人自扰也。"他又说："情智，小智穿凿，牵强附会，尽主观。一般人皆用情智，两眼尽瞪着转，好察察，自以为是智者。性智，与生俱来的，含性德。'率性之谓道'，能尽己之性，处事客观，'行其所无事'，懂得顺势而为，'由仁义行'。"（《毓老师说孟子》）

苍天之高，星辰之远，如果能掌握它们的运行原理，则此后千年的冬至和夏至，都可以坐着推算出来了。

"人法地，地法天，天法道，道法自然。"（《道德经》）

"天命之谓性，率性之谓道，修道之谓教。"（《中庸》）

中国的儒家和道家，在顺其自然上，高度统一，可谓殊途而同归也。

何为大智慧？何为小聪明？你我当认真体悟《孟子》这一章。

> 8.27　公行子有子之丧，右师往吊。入门，有进而与右师言者，有就右师之位而与右师言者。孟子不与右师言，右师不悦曰："诸君子皆与驩言，孟子独不与驩言，是简驩也。"孟子闻之，曰："礼，朝廷不历位而相与言，不逾阶而相揖也。我欲行礼，子敖以我为简，不亦异乎？"

"右师"，官员，此处指王驩。这是《孟子》第二次记录孟子和齐王的宠臣王驩在同一场合的会面情景。

第一次是孟子和王驩一同出吊滕文公。两人同路往返，无话可说。

这一次两人是在齐大夫公行子儿子的丧事相会，孟子一样"不与右师言"。

王驩是齐王的宠臣。他一进门就有人走上前同他说话。他坐下后，又有人走近他的座位和他说话。在现代社会，这也是普遍现象。

这王驩也有意思，谁和他说话他不在意，他在意的是谁没和他说话。他认为只有孟子没搭理他，这是对他的慢待。

孟子后来听到了王骧的说法。他说："依礼节，在朝廷中，不能越位谈话，也不能隔着石阶作揖。我孟子只是依礼而行，他却认为我慢待他，这不是很奇怪吗？"

蒋伯潜曰："原来孟子是心恶王骧，并看不起一班没有骨气的官员，却用礼来解释自己的行动，不明白地斥责他人，这是孟子的善于措辞处。"（《新刊广解四书读本》）

南怀瑾说："在丧礼上，则以死者为大。""孟老夫子这句'不亦异乎'，就等于说，他们这样不懂道理，对我误解，不是很奇怪吗？这是最后点出一个道理：借丧礼的场合交际应酬，是不应该的。""孟子这一事件，是以行为说明，处于臣道之位，对于公义与私情不能用一贯的处理方法。"（《孟子与离娄》）

有些事，两千多年过去了，到今天，依然没有一点变化。遗憾的是，像孟夫子这样做的人，越来越少了。

8.28　孟子曰："君子所以异于人者，以其存心也。君子以仁存心，以礼存心。仁者爱人，有礼者敬人。爱人者，人恒爱之；敬人者，人恒敬之。

人人都可成为君子。

君子也是普通人，但他和普通人的不同之处就在于心。

"君子以仁存心，以礼存心。""存"，存在。君子的心里，存"仁"、存"礼"。

毓老师说："'君子存心'，以仁、以礼为本，以仁待人，以礼律人。"（《毓老师说孟子》）

在内，则"仁"；在外，则"礼"。"礼"是一种仁心的转化。仁心每个人本身具足，君子只不过将其完整地保存下来了，而普通人却慢慢地丧失掉了。"修心"，将那颗"仁""礼"之心再修炼出来。

以"仁"待人，以"礼"律己。有一"爱"一"敬"，你还有何敌人？心中有"仁"，则无忧；心中有"礼"，则无怨。

> "有人于此，其待我以横逆，则君子必自反也：我必不仁也，必无礼也，此物奚宜至哉？其自反而仁矣，自反而有礼矣，其横逆由是也，君子必自反也：我必不忠。自反而忠矣，其横逆由是也，君子曰：'此亦妄人也已矣。如此，则与禽兽奚择哉？于禽兽又何难焉？'

"横逆"，蛮横不讲理。孟子说："如果有人对待我蛮横无理，那么君子一定要反省：一定是我有所不仁，一定是我有所失礼，要不怎么会出现这样的情况呢？不断地反躬自省，但那人还是蛮横无理。那他就属于另类，和禽兽没有区别。既然这个人和禽兽一样，那你和他还有什么可计较的吗？"

> "是故君子有终身之忧，无一朝之患也。乃若所忧则有之：舜，人也；我，亦人也。舜为法于天下，可传

于后世，我由未免为乡人也，是则可忧也。忧之如何？如舜而已矣。若夫君子所患则亡矣。非仁无为也，非礼无行也。如有一朝之患，则君子不患矣。"

"是故君子有终身之忧，无一朝之患也。"孟子这句话说得多好！只有小人才整天患得患失。君子之忧是"终身之忧"。什么事才值得"终身之忧"呢？"先天下之忧而忧，后天下之乐而乐"（《岳阳楼记》），范仲淹之忧，君子之忧也。

孟子接着说："所以君子有终身的忧虑，而没有一时的担心。如果说他们有忧虑的事的话，那他们忧虑的是：舜是人，我也是人。舜被天下的人效法，能够传承于后世，我为什么只是普通人呢？这才是值得忧虑的事。""忧之如何？"有这样的忧虑，该怎么办？"如舜而已矣"，像舜那样做就是了。

"如舜而已矣"，万事就这么简单，"人皆可以为尧、舜"。

"若夫君子所患则亡矣。"只问耕耘，莫问前程。像先贤那样做，君子还有何忧患？不合乎仁爱的事不做，不合乎礼节的事不做。"如有一朝之患，则君子不患矣。"上不愧于天，俯不怍于人。即使遇到偶然的灾祸，还不能泰然处之吗？"以仁存心，以礼存心"，反躬自省，效法圣贤，非仁勿行，非礼勿为，这就是君子的为人处世之道也。

8.29　禹、稷当平世，三过其门而不入，孔子贤之。颜子当乱世，居于陋巷，一箪食，一瓢饮，人不堪其忧，颜子不改其乐，孔子贤之。

"孔子贤之"，孔子以此为贤。

孔子以什么为贤者？一是太平年代的禹、稷，他们一心为公，禹"三过家门而不入"。据《尚书·舜典》记载，舜命禹治理水患，命弃当后稷（官名），播种百谷，教民稼穑，发展农业。大禹治水，"三过家门而不入"的故事，至今家喻户晓。

二是春秋战国时期的颜回，彼时天下动乱，颜回却能做到隐于世，居住在陋巷之中，"一箪食，一瓢饮，在陋巷，人不堪其忧，回也不改其乐"（《论语·雍也》）。孔子称赞曰："贤哉，回也。"（《论语·雍也》）"达则兼济天下，穷则独善其身。"（《孟子·尽心上》）

"初九曰：'潜龙勿用'，何谓也？子曰：'龙德而隐者也。不易乎世，不成乎名，遁世无闷，不见是而无闷。乐则行之，忧则违之，确乎其不可拔，潜龙也。'"（《易经·乾卦》）

> 孟子曰："禹、稷、颜回同道。禹思天下有溺者，由己溺之也；稷思天下有饥者，由己饥之也，是以如是其急也。禹、稷、颜子易地则皆然。

"同道"，其道同一。禹、稷、颜回皆以人民为中心，心中装着人民。禹从事水利，他想的是天下那些被水淹没的人，就好像是自己使他们淹没一样；稷想到天下那些挨饿的人，就好像是自己使他们挨饿一样。他们是真正的急群众所急，想群众所想。

张居正说："禹、稷、颜子其出处不同，然禹、稷进而救民，虽功盖天下，其道非有异于颜子；颜子退而修己，虽善止一身，其道非有异

于禹、稷。盖时可以行，则出而为禹、稷；时可以藏，则处而为颜子，其心一而已矣。"（《张居正讲评〈孟子〉》）

朱熹注："禹、稷身任其职，故以为己责而救之急也。圣贤之心无所偏倚，随感而应，各尽其道。故使禹、稷居颜子之地，则亦能乐颜子之乐；使颜子居禹、稷之任，亦能忧禹、稷之忧也。"（《四书章句集注》）蒋伯潜曰："盖圣贤所抱之道皆同，只因所处的境遇不同，故所做的事亦异。"（《新刊广解四书读本》）

> "今有同室之人斗者，救之，虽被发缨冠而救之，可也；乡邻有斗者，被发缨冠而往救之，则惑也，虽闭户可也。"

"被发"，散发。"缨冠"，戴帽。

孟子说："假若有同住一室的人互相斗殴，我去救他，就是披散着头发戴上帽子也没关系；如果本乡的邻居斗殴，也披散着头发戴上帽子去劝和，那就糊涂了。即使关门不管都是可以的。"这里指颜回隐于世的行为。

子谓颜渊曰："用之则行，舍之则藏，惟我与尔有是夫！"（《论语·述而》）

禹、稷处于平世，又得舜帝信任，"用之则行"；颜回处于乱世，霸道横行，"舍之则藏"。

时行则行，时止则止。"君子时中"，进退不失其正。

8.30　公都子曰："匡章，通国皆称不孝焉，夫子与之游，又从而礼貌之，敢问何也？"

孟子曰："世俗所谓有不孝者五：惰其四支，不顾父母之养，一不孝也；博弈好饮酒，不顾父母之养，二不孝也；好货财，私妻子，不顾父母之养，三不孝也；从耳目之欲，以为父母戮，四不孝也；好勇斗很，以危父母，五不孝也。章子有一于是乎？夫章子，子父责善而不相遇也。责善，朋友之道也；父子责善，贼恩之大者。夫章子，岂不欲有夫妻子母之属哉？为得罪于父，不得近，出妻屏子，终身不养焉。其设心以为不若是，是则罪之大者，是则章子已矣。"

孟子在前文回答公孙丑所问时讲过，父子之间不责善，"责善则离，离则不祥莫大焉"。所以，要"易子而教"。

"匡章"，齐人。朱熹注："相责以善而不相合，故为父所逐。"（《四书章句集注》）父亲有时在儿子面前不讲道理，儿子有时非要在父亲面前论出个高低，那就必然会伤害父子之情。匡章就是一个典型，他的父亲一怒之下，把他驱逐出家。所以，在齐国，匡章出了名，"通国皆称不孝焉"。

匡章"为得罪于父，不得近"，就因为得罪了父亲，不能和他亲近，因此，他"出妻屏子，终身不养焉"，匡章把自己的妻子也赶出去了，把儿子也赶走了，目的是终身不要他们赡养。他以为这样就能减免他"不孝"的罪过。匡章本意自罚，却一错再错。

孟子理解匡章的"为人"，而众人不解。公都子问孟子："为什么像匡章这样的人，您还同他来往，还要以礼相待?"

孟子认为不孝有五，匡章不在其中，所以，众人们定义"匡章不孝"是不正确的，匡章父子之间的矛盾，来自"相责以善"。朱熹注:"责善，朋友之道也;父子责善，贼恩之大者。"又注曰:"贼，害也。朋友当相责以善。父子行之，则害天性之恩也。"(《四书章句集注》)这就是孟子的过人之处，他能通过一个社会现象看到事情的本质。"夫章子，岂不欲有夫妻子母之属哉?"

最重要的是，孟子给我们列出"不孝者五"。我们看看今天这五条是否过时，看看以孟子的衡量标准，我们是孝还是不孝?

"惰其四支，不顾父母之养，一不孝也"。一不孝:四体懒惰不勤，不担负赡养父母的责任。

"博弈好饮酒，不顾父母之养，二不孝也"。二不孝:沉迷于赌博，沉迷于醉酒，不把赡养父母放在心上。

"好货财，私妻子，不顾父母之养，三不孝也"。三不孝:贪财好货，偏爱妻室儿女，不赡养父母。

"从耳目之欲，以为父母戮，四不孝也"。四不孝:放纵耳目声色之欲，使父母蒙羞。

"好勇斗很，以危父母，五不孝也。"五不孝:在外逞强好胜，打架斗殴，危及父母安全。

孟子的五不孝，有则改之，无则加勉!

8.31　曾子居武城，有越寇。或曰:"寇至，盍去诸?"曰:"无寓人于我室，毁伤其薪木。"寇退，则曰:"修我墙屋，我将反。"寇退，曾子反。左右曰:

> "待先生如此其忠且敬也，寇至，则先去以为民望；寇退，则反，殆于不可。"
>
> 沈犹行曰："是非汝所知也。昔沈犹有负刍之祸，从先生者七十人，未有与焉。"

这一章记录了曾子和子思面对敌寇时截然不同的取舍方式，告诉后来的我们万事无可无不可，"唯变所适"。

曾子住在武城时，越国的军队来侵犯。有人建议曾子离开一下，曾子同意了。临行前交待："不要让别人借住我这里，破坏院子里的树木。"

敌人退了，曾子便说："把我的屋子和墙面维修一下，我将要回来了。"曾子返回后，他旁边的人议论："武城军民对先生如此虔诚和尊敬，敌人来了，先生早早离城出走，给留守者做了个坏的榜样；敌人败退了，先生马上返回，这样做恐怕不太妥当吧?"

"沈犹行"，曾子的弟子。他为老师辩解说："我老师这样做，不是你们能理解的。从前先生住在我那里，有个叫负刍的人作乱，当时跟随先生的有七十多人，但先生还是离开了。"

张居正说："观昔日之处沈犹氏，则知今日之处武城，乃当去而去耳。……盖时当避难则以保身为哲，曾子之所处是或一道也。"（《张居正讲评〈孟子〉》）

> 子思居于卫，有齐寇。或曰："寇至，盍去诸?"子思曰："如伋去，君谁与守?"
>
> 孟子曰："曾子、子思同道。曾子，师也，父兄

也；子思，臣也，微也。曾子、子思易地则皆然。"

子思住在卫国时，有齐国的军队来侵犯，有人建议子思："敌人来了，为什么不离开避避避难呢？"子思回答说："如果我先离开了，国君和谁一起守卫国家呢？"

听听孟子的评价："曾子、子思同道。"曾子是一名老师，而子思是一名臣子。如果把曾子和子思的位置互换一下，他们都会这样做。

张居正引孟子言："盖君子之处世惟求理之所是，与心之所安，时当保身，不嫌于避害；时当徇国，不嫌于轻身，曾子、子思其道一而已矣。使曾子而居臣职，处子思之地则必不轻去武城，而避患以自全；使子思而为宾师，处曾子之地，则必不苟留卫国，而捐躯以赴难。"又曰："故观圣贤者不当泥其迹之异，而当求其心之同，微、箕、比干生死去就不同，而同为仁；夷惠、伊尹仕止久速不同，而同为圣，明乎此者，斯可以语精义之学矣。"（《张居正讲评〈孟子〉》）

8.32　储子曰："王使人瞯（kàn）夫子，果有以异于人乎？"

孟子曰："何以异于人哉？尧、舜与人同耳。"

一个叫储子的齐国人对孟子说："齐王派遣人暗中窥视先生，真的有什么和常人不同之处吗？"孟子回答说："何以异于人哉？尧、舜与人同耳。"哪有什么不同于常人的地方？尧和舜也是和普通人相同的。

孟子前文也说："舜何？人也。予何？人也。有为者亦若是。"（《孟

子·滕文公上》）

真正通透之人，认为自己就是普通人；"半瓶子晃荡"之人，总感觉自己不平凡。

有人称孔子是圣人，孔子曰："我少也贱，故多能鄙事。"（《论语·子罕》）

张居正说："要之以性而言，圣贤本与人同；以习而言，圣贤始与人异，诚知反其异，以归于同，则人皆可以为尧、舜矣。"（《张居正讲评〈孟子〉》）

"尧、舜与人同耳。"看孟子的这句话多励志！

8.33　齐人有一妻一妾而处室者，其良人出则必餍酒肉而后反。其妻问所与饮食者，则尽富贵也。其妻告其妾曰："良人出，则必餍酒肉而后反，问其与饮食者，尽富贵也，而未尝有显者来，吾将瞷良人之所之也。"蚤起，施从良人之所之，遍国中无与立谈者。卒之东郭墦（fán）间，之祭者，乞其余，不足，又顾而之他，此其为餍足之道也。其妻归，告其妾，曰："良人者，所仰望而终身也。今若此！"与其妾讪其良人，而相泣于中庭，而良人未之知也，施施从外来，骄其妻妾。由君子观之，则人之所以求富贵利达者，其妻妾不羞也而不相泣者，几希矣！

孟子是比喻大师。齐国真有这样一个人吗？不一定。这一则小故事，寥寥数笔，惟妙惟肖，发人深省！故事最后，孟子从人性的角度，叹："由君子观之，则人之所以求富贵利达者，其妻妾不羞也而不相泣者，几希矣！""几希"，太少了。大多数"求富贵利达者"，皆似这位"齐人"。

齐国有一个人，家有一妻一妾。男人每次外出，一定饱食酒肉后才回来。妻子问他和哪些人一起吃喝，他回答说尽是一些有钱有势的大人物。

这种事情发生得多了，妻子就心里生疑，她对齐人的小妾说："只听他说经常和非富即贵之人吃喝，可是这些显赫之人从来就没来过咱们家。我准备暗中偷偷地跟踪他，看他究竟去了哪些地方。"

一天早晨起来，妻子便悄悄地跟踪丈夫而行，走遍全城，未曾见到有人站住和他打招呼的。最后见他一直走到东郊外的墓地，向上坟烧纸的祭墓者乞讨剩余的祭品吃，不够，又张望着向其他祭墓者乞讨。这就是丈夫饱食酒肉的方法。

他的妻子回到家里，把她看到的实情告诉了小妾，并且说："丈夫本来是你我指望终身依靠的人，原来他竟然是这样的。"于是，妻子和小妾便一起咒怨丈夫，伤心地在庭中相对哭泣。而那个齐人还不知道，仍然和没事人一样，洋洋得意地从外面归来，在妻妾面前炫耀作秀。

张居正说："夫齐人乞墦之为，已为妻妾之所窥，而犹作骄人之气象，是诚足羞已。盖人之常情，每粉饰于昭昭之地，而苟且于冥冥之中；或致饰于稠人广众之时，而难掩于妻妾居室之际；往往不知自耻，而人耻之；不暇自悲，而人悲之。当时世态多类此。此孟子所以有感而发也。"（《张居正讲评〈孟子〉》）

在君子看来，人们用来追求升官发财的方法，能不使他的妻妾感到羞耻而相对哭泣的，实在是很少啊！

朱熹引赵氏注曰："言今之求富贵者，皆以枉曲之道，昏夜乞哀以求之，而以骄人于白日，与斯人何以异哉？"（《四书章句集注》）

张居正说："盖世俗之见，知有利而不知有义，故不见其可羞也。若由守道之君子观之，今人之求富贵利达者，其未得之则枉道求合，而乞哀于昏夜，甘言卑词，与乞墦的一般；其既得之则怙宠恃势而骄人于白日，扬眉吐气，与施施之状一般。"他又曰："此士君子立身当以齐人为鉴也。故孔子论士大节只在行己有耻，孟子教人精义只在充其羞恶之心，盖能充其羞恶之心，斯能养其刚大之气，而不为富贵利达所摇夺，彼无所用其耻者，降志辱身，其将何所不至哉？司世教者，宜以厉士节为本。"（《张居正讲评〈孟子〉》）

毓老师说："有多少求富贵利达者，不是在外摇尾乞怜，回到家中则骄其妻妾？"他又说："德不足，又何必妄求？求不得之苦！有就有，没有就没有，随所遇而安其所为，非苟且偷安，乃'君子无所不用其极''无入而不自得'。"（《毓老师说孟子》）

许仁图更是反嘲："孟子这种说辞不合乎今天的世态实情，今人有些妻妾对良人热切富贵利达追逐，常有过之而无不及，故而有所谓的'夫人帮'。"他又写道："刘克庄《后村先生大全集》为诗《齐人妻》：'不敢怨夫子，徒悲恨妾身。安知同穴者，乃是乞墦人'。"（《说孟子》）

自省吾身

自省吾身

万章上

9.1 万章问曰："舜往于田，号泣于旻（mín）天，何为其号泣也?"

孟子曰："怨慕也。"

"万章"，孟子的学生。"万章篇"共十八章，都是万章与孟子的对话，万章所问的都是尧、舜的故事。我们应该感激万章同学。没有万章之问，就没有孟子之答。我们也就不知道尧、舜的君道、臣道、师道、友道，不知道他们处事、为人的原则。

万章问："舜到田地里去，对着上天哭泣，为什么他要如此哭号呢?"

孟子回答说："是因为对父母既怨怪又怀恋吧。"

万章曰："父母爱之，喜而不忘；父母恶之，劳而不怨。然则舜怨乎?"

曰："长息问于公明高曰：'舜往于田，则吾既得闻命矣；号泣于旻天，于父母，则吾不知也。'公明高曰：'是非尔所知也。'夫公明高以孝子之心，为不若是恝（jiá），我竭力耕田，共为子职而已矣，父母之不我爱，于我何哉? 帝使其子九男二女，百官牛羊仓廪备，以事舜于畎亩之中，天下之士多就之者，帝将胥天下而迁之焉。为不顺于父母，如穷人无所归。

315

天下之士悦之，人之所欲也，而不足以解忧；好色，人之所欲，妻帝之二女，而不足以解忧；富，人之所欲，富有天下，而不足以解忧；贵，人之所欲，贵为天子，而不足以解忧。人悦之、好色、富贵，无足以解忧者，惟顺于父母，可以解忧。人少，则慕父母；知好色，则慕少艾；有妻子，则慕妻子；仕则慕君，不得于君则热中。大孝终身慕父母。五十而慕者，予于大舜见之矣。"

　　万章引用曾子的话接着问："父母喜爱自己，虽然高兴，也不能忘记做儿子的责任；父母厌恶自己，虽然忧愁，也不因此而怨恨。那么，为什么舜要怨恨呢？"

　　孟子告诉万章，长息问过公明高（长息的老师）一样的问题。公明高说："长息，这个道理你现在还不能了解。"孟子接着说："一个真正的孝子，在心理上，只有接受、听命。父子之间，没有什么道理可以讨论的，因为讨论起道理来，那就很麻烦了。所以公明高只能说到这里为止。实际上，舜当时的心情是想父母命他去开垦种田，他就尽力去开垦种田……至于父母爱不爱我，对我这个孩子所要求的是对或错，这是父母的事情，和我这个为人子女的毫不相干。做儿女的，只有尽对父母的责任，守儿女的本分而已。"（《孟子与万章》）

　　许仁图说："'天下'不是一个人的天下，而是天下人的天下……天下人虽都顺从他，还不如得到父母的欢欣。好像天下人都没有父母，只有舜的父母最重要。"他又说："孟子将舜塑造成大孝的形象虽符合汉朝孝治天下的理念，但与《尧典》差距太大"，他怀疑"后文可能是后儒

审入"。(《说孟子》)

朱熹注："孟子推舜之心如此,以解上文之意。极天下之欲,不足以解忧;而惟顺于父母,可以解忧。"他又说:"此章言舜不以得众人之所欲为己乐,而以不顺乎亲之心为己忧。非圣人之尽性,其孰能之?"(《四书章句集注》)

> 9.2 万章问曰:"《诗》云:'娶妻如之何? 必告父母。'信斯言也,宜莫如舜。舜之不告而娶,何也?"
>
> 孟子曰:"告则不得娶。男女居室,人之大伦也。如告,则废人之大伦,以怼父母,是以不告也。"
>
> 万章曰:"舜之不告而娶,则吾既得闻命矣;帝之妻舜而不告,何也?"
>
> 曰:"帝亦知告焉则不得妻也。"

按古代习俗,结婚必得先征得父母的同意。从《孟子》的记载中,可知舜娶妻并没有先告知父母。告知,他们必不同意。

万章说他理解舜娶妻不告知父母的原因,但他不解尧帝嫁女给舜为什么也不告知舜的父母。孟子告诉他,尧帝若告知,也就嫁不成女儿了。

> 万章曰:"父母使舜完廪,捐阶,瞽瞍(gǔ sǒu)焚廪。使浚(jùn)井,出,从而掩(yǎn)之。象曰:'谟盖都君咸我绩,牛羊父母,仓廪父母,干戈

317

朕，琴朕，弤（dǐ）朕，二嫂使治朕栖。'象往入舜宫，舜在床琴。象曰：'郁陶思君尔。'忸怩。舜曰：'惟兹臣庶，汝其于予治。'不识舜不知象之将杀己与？"

曰："奚而不知也？象忧亦忧，象喜亦喜。"

我们从万章的问话中，可知舜生活在一个怎样的家庭环境中。舜的父母想杀害他，让舜上麦堆顶修补谷仓，但等舜爬上去后，便撤走梯子，放火烧他。这次没害死舜，便又想一招，叫舜去淘水井，父亲先出来，随后用土埋水井，想把舜埋在井里。舜的兄弟象计划等舜死后，舜的牛羊、粮仓归父母，兵器、琴、弤弓归他，还要他的两位嫂嫂替他整理床席。象以为舜死在井下，没想到舜早前修了条暗道，得以逃生。当象来到舜家要收拾东西时，不想舜正在床上弹琴。象撒谎说："我好思念你呀！"显出难堪的样子。舜说："你思念，你就帮我看管我的臣属和百姓。"万章问："不知舜当时是否知道象原来想谋害自己？"孟子说："他怎么会不知道呢？象忧愁，他也忧愁；象高兴，他也高兴。"

"象忧亦忧，象喜亦喜。"一切为了弟弟，把自己的生命搭上也不怨。

曰："然则舜伪喜者与？"

曰："否。昔者有馈生鱼于郑子产，子产使校人畜之池。校人烹之，反命曰：'始舍之圉（yǔ）圉焉，少则洋洋焉，攸然而逝。'子产曰：'得其所哉！得其所哉！'校人出，曰：'孰谓子产智？予既烹而食之，曰：得其所哉！得其所哉！'故君子可欺以其方，难罔以非其道。彼以爱兄之道来，故诚信而喜之，奚伪焉？"

万章问："舜这样对待弟弟，他是假装高兴吗？"孟子回答说："不是。"孟子又举了一个例子："从前有个人送了一条活鱼给郑国的宰相子产，子产派人把这条鱼放入院落的池塘，不想这人把这条鱼拿回家煮熟吃了。他回来报告子产说：'这条鱼刚放入池塘还游不动，不一会儿就快乐地消逝在水中了。'子产说：'得到应去的地方，得到应去的地方。'这个管理池塘的人出来后说："谁说子产有大智慧？我把鱼吃了，他还说：'得其所哉！得其所哉！'""

子产是真知还是真不知？

只有圣贤之人才能真正理解圣贤之心。孟子说："君子可能被某种合乎情理的方法所欺骗，但不可能被不合道理的欺诈所蒙蔽。象既用敬爱兄弟的正当态度对待舜，舜就诚心实意地相信他并感到高兴，这怎么是假装的呢？"

朱熹注："象以爱兄之道来，所谓欺之以其方也。舜本不知其伪，故实喜之，何伪之有？此章又言舜遭人伦之变，而不失天理之常也。"（《四书章句集注》）

圣贤之人可能会一时迷惑于小人之术，但不会永远偏离大道。

9.3　万章问曰："象日以杀舜为事，立为天子，则放之，何也？"

孟子曰："封之也，或曰放焉。"

万章和孟子讨论圣人应如何对待自己的亲人。圣人也是人，既是人，就会有人情。但人情终究是私情，而舜又是帝王，那么他是如何处理私情与公理的？

万章问老师："象每天把谋害舜作为自己的工作，舜登上了天子之位后，却只是把象流放了，这是为什么？"孟子说："这是分封的一种，也有人说是流放。"

万章曰："舜流共工于幽州，放驩兜于崇山，杀三苗于三危，殛（jí）鲧于羽山，四罪而天下咸服，诛不仁也。象至不仁，封之有庳（bì）。有庳之人奚罪焉？仁人固如是乎？在他人则诛之，在弟则封之。"

曰："仁人之于弟也，不藏怒焉，不宿怨焉，亲爱之而已矣。亲之欲其贵也，爱之欲其富也。封之有庳，富贵之也。身为天子，弟为匹夫，可谓亲爱之乎？"

舜上位后处理了四个恶人，惩恶扬善，这在《尚书·尧典》里都有记录。共工、驩兜是尧帝的重臣，舜把他俩流放了；治水不成功的鲧和三苗，被舜诛杀了。舜惩处了他们四人而使天下人悦服。万章陈述了这些后，话锋一转："象也是坏人，舜为什么要把有庳封给他，有庳人难道有罪吗？为什么对别人的罪过就严惩，对自己的弟弟反加以封赏？"这是一碗水没有端平吧？

万章的问题有很强的挑战性。但他没有分清同样是恶人，他们几人的恶又有不同。前四人之恶，是公职之失；而象之恶，在一家之内。公域依法，私域用情。所以孟子说："仁人之于弟也，不藏怒焉，不宿怨焉，亲爱之而已矣。亲之欲其贵也，爱之欲其富也。"

"封之有庳，富贵之也。身为天子，弟为匹夫，可谓亲爱之乎？"把有庳封给象，就是希望他能富足、尊贵呀。如果自己贵为天子，而弟弟还是平民，那能叫亲近、爱护吗？

> **"敢问或曰放者，何谓也？"**
>
> **曰："象不得有为于其国，天子使吏治其国，而纳其贡税焉，故谓之放。岂得暴彼民哉？虽然，欲常常而见之，故源源而来，'不及贡，以政接于有庳'，此之谓也。"**

从万章和孟子最后的问答中，我们知道舜给象封了领地，但又不许象治理，另派了官吏。这样，避免了象祸害当地的百姓。所以称这种安排叫"放者"。象之"放"，流放，但这种流放保护了尊严。朱熹引吴氏注曰："言圣人不以公义废私恩，亦不以私恩害公义。舜之于象，仁之至，义之尽也。"（《四书章句集注》）

如何处理公理和私情，自古以来都是一个难题。

舜的处理方式给我们许多启发。如果舜上位后，把谋害他的父母囚禁，把谋害他的弟弟诛杀，又会给后来的中国留下什么样的影响？

> **9.4** 咸丘蒙问曰："语云：'盛德之士，君不得而臣，父不得而子。'舜南面而立，尧帅诸侯北面而朝之，

瞽瞍亦北面而朝之。舜见瞽瞍，其容有蹙（cù）。孔子曰：'于斯时也，天下殆哉，岌岌乎！'不识此语诚然乎哉？"

孟子曰："否。此非君子之言，齐东野人之语也。尧老而舜摄也。《尧典》曰：'二十有八载，放勋乃徂落，百姓如丧考妣，三年，四海遏密八音。'孔子曰：'天无二日，民无二王。'舜既为天子矣，又帅天下诸侯以为尧三年丧，是二天子矣。"

"咸丘蒙"，孟子的弟子。他向老师请教舜称帝后和他的父亲瞽瞍的关系问题。

咸丘蒙先引俗语说："品德高尚的士人，君主不能将他当作臣子对待，父亲不能将他当作儿子对待。"又接着问："舜当了天子后，尧带领诸侯面向北朝见他。瞽瞍也面向北朝见他。当舜看见瞽瞍时，表情不安。孔子说：'这个时候，天下真是岌岌可危了。'不晓得这话可信不可信？"

孟子回答说："不是。这不是君子说的话，而是齐东野人的话。只是尧老了，让舜摄政而已。《尧典》记载：'过了二十八年，尧才逝世。群臣好像父母去世一样，服丧三年，四海之内也停止一切娱乐活动。'孔子说：'天上没有两个太阳，人间没有两个天子。'假若舜真在尧死之前就做了天子，同时又率领天下诸侯为尧服丧三年，这便是同时有两个天子了。"

咸丘蒙曰："舜之不臣尧，则吾既得闻命矣。《诗》云：'普天之下，莫非王土；率土之滨，莫非王臣。'而舜既为天子矣,敢问瞽瞍之非臣,如何?"

曰:"是诗也,非是之谓也;劳于王事,而不得养父母也。曰:'此莫非王事,我独贤劳也。'故说诗者,不以文害辞,不以辞害志。以意逆志,是为得之。如以辞而已矣,《云汉》之诗曰:'周余黎民,靡有孑遗。'信斯言也,是周无遗民也。孝子之至,莫大乎尊亲;尊亲之至,莫大乎以天下养。为天子父,尊之至也;以天下养,养之至也。《诗》曰:'永言孝思,孝思维则。'此之谓也。《书》曰:'祇(zhī)载见瞽瞍,夔(kuí)夔斋栗,瞽瞍亦允若。'是为父不得而子也?"

咸丘蒙听孟子这么一说,明白了"舜之不臣尧"。接着,他又引用《诗经·小雅·北山》,发起了第二个问题——

"《诗经》说:'普天之下,无不是天子的土地;四面八方,无不是天子的臣民。'舜既然做了天子,瞽瞍却不是他的臣民,这又是什么道理?"

孟子告诉他:"《北山》这首诗不是你所理解的那个意思,它的本意是说自己勤劳国事以致不能够奉养父母。《诗》还说:'这些事没有一件不是天子之事,为什么独我一人这么辛劳呢?'"

朱熹注:"此诗今毛氏序云:'役使不均,己劳于王事而不得养其父母焉。'其诗下文亦云:'大夫不均,我从事独贤。'乃作诗者自言天下皆王臣,何为独使我以贤才而劳苦乎?非谓天子可臣其父也。"(《四书章句集注》)

孟子提炼的这句话，是本章的重中之重。他告诉我们，理解《诗经》，包括解释经典时，不要拘泥于字而误解词句，更不要拘泥于词句而误解文意。用自己的体会去理解作者，才能真有所得。

这也是孟子传承经典的方法论。

朱熹注："言说诗之法，不可以一字而害一句之义，不可以一句而害设辞之志，当以己意迎取作者之志，乃可得之。"（《四书章句集注》）

"辞，达而已矣。"（《论语·卫灵公》）

孟子担心咸丘蒙理解不透，再举一例。《诗经·大雅·云汉》说："周朝剩余的百姓，没有一个存留。"你如拘泥于词句，就是相信周朝没有留一个人了。

孟子接着说："孝子尽孝的极至，没有超过尊敬父母的；尊敬父母的极至，没有超过拿天下来奉养父母的。瞽瞍做了天子的父亲，可谓是尊贵到了极点；舜以天下来奉养他，可说是奉养的极至了。《诗经·大雅·下武》说：'永远恪守孝道，并用孝道作为天下的准则。'说的就是这个意思。《尚书》说：'舜恭敬地去见瞽瞍，瞽瞍也就相信舜的诚意而顺从了。'这难道是'父不得而子'吗？"

朱熹注："孟子引此而言瞽瞍不能以不善及其子，而反见化于其子，则是所谓父不得而子者，而非如咸丘蒙之说也。"（《四书章句集注》）

9.5　万章曰："尧以天下与舜，有诸？"

孟子曰："否。天子不能以天下与人。"

"然则舜有天下也，孰与之？"

曰："天与之。"

这一章万章不断追问孟子，他们讨论了一个非常重要的话题：舜的帝位是从哪里来的？

天下是天下人的天下，尧怎么能把天下授给舜呢？是天把天下授给舜的。孟子在本章最后引用《泰誓》曰："天视自我民视，天听自我民听。"意思是"百姓的眼睛就是天的眼睛，百姓的耳朵就是天的耳朵"。归根结底，民意就是天意。禅让是顺从民意。

这就是"民本思想"。

康有为说："此民主之义。民主不能以国授人，当听人之公举。"（《孟子微》）

> "天与之者，谆（zhūn）谆然命之乎？"
> 曰："否。天不言，以行与事示之而已矣。"

万章问："天如何授予？是恳切地告诫过他吗？"孟子说："否。天不言，天只用行动和事实来表现罢了。"

"行与事"。行事，用行动和事实说话。孔子说："我欲载之空言，不如见之于行事之深切著明也。"（《史记·太史公自序》）

> 曰："以行与事示之者如之何？"
> 曰："天子能荐人于天，不能使天与之天下；诸侯能荐人于天子，不能使天子与之诸侯；大夫能荐人于诸侯，不能使诸侯与之大夫。昔者尧荐舜于天而天受之，暴（pù）之于民而民受之。故曰：天不言，以

■ 行与事示之而已矣。"

"受",授也。"暴",曝也,显示。

孟子说:"天子可以向上天推荐人才,但不能强迫上天把天下交给他;诸侯可以向天子推荐人才,但不能强迫天子让他做诸侯;大夫可以向诸侯推荐人才,但不能强迫诸侯让他做大夫。"

尧选择舜,上合天意,下顺民心。而这一切,皆是"天不言,以行与事示之而已矣"。

子曰:"天何言哉?四时行焉,百物生焉,天何言哉?"(《论语·阳货》)

日:"敢问荐之于天而天受之,暴之于民而民受之,如何?"

日:"使之主祭而百神享之,是天受之;使之主事而事治,百姓安之,是民受之也。天与之,人与之,故曰:天子不能以天下与人。舜相尧二十有八载,非人之所能为也,天也。尧崩,三年之丧毕,舜避尧之子于南河之南,天下诸侯朝觐(jìn)者,不之尧之子而之舜;讼狱者,不之尧之子而之舜;讴歌者,不讴歌尧之子而讴歌舜,故曰天也。夫然后之中国,践天子位焉。而居尧之宫,逼尧之子,是篡也,非天与也。《泰誓》曰:'天视自我民视,天听自我民听。'此之谓也。"

万章问什么是"民受"。

"使之主事而事治，百姓安之，是民受之也。"选择他是为老百姓做事的，而且只有做成事，老百姓才会接受他。"天与之，人与之"，天下是天授予他的，也是人民授予他的。如果他上位后，背离人民的意愿，那么上天一定会惩罚他。

孟子在此处，还提到了"篡"。篡位者，逆天也。

人民就是天，民意就是天意。得天下者得民心。

9.6　万章问曰："人有言：'至于禹而德衰，不传于贤而传于子。'有诸？"

万章问道："人们有这样的言论：'到大禹时代道德就衰落了，帝位不让于贤人，而传给自己的儿子。'是这样吗？"这就是万章之问。

尧、舜"选贤举能""天下为公"，传贤不传子。而禹却破坏了尧、舜开辟的"公天下"，把帝位传给儿子，开了"家天下"之头。

我们只记得大禹治水"三过家门而不入"，但我们忽略了他也是"家天下"的始作俑者。仲尼曰："始作俑者，其无后乎？"（《孟子·梁惠王上》）可见孔子对"家天下"的厌恶。

> 孟子曰："否，不然也。天与贤，则与贤；天与子，则与子。昔者舜荐禹于天，十有七年，舜崩。三年之丧毕，禹避舜之子于阳城。天下之民从之，若尧崩之后，不从尧之子而从舜也。禹荐益于天，七年，

禹崩。三年之丧毕，益避禹之子于箕山之阴。朝觐讼狱者不之益而之启，曰：'吾君之子也。'讴歌者不讴歌益而讴歌启，曰：'吾君之子也。'丹朱之不肖，舜之子亦不肖。舜之相尧，禹之相舜也，历年多，施泽于民久。启贤，能敬承继禹之道。益之相禹也，历年少，施泽于民未久。舜、禹、益相去久远，其子之贤不肖，皆天也，非人之所能为也。莫之为而为者，天也；莫之致而至者，命也。匹夫而有天下者，德必若舜、禹，而又有天子荐之者，故仲尼不有天下。继而以有天下，天之所废，必若桀纣者也，故益、伊尹、周公不有天下。伊尹相汤以王于天下。汤崩，大丁未立，外丙二年，仲壬四年，太甲颠覆汤之典刑，伊尹放之于桐。三年，太甲悔过，自怨自艾，于桐处仁迁义；三年，以听伊尹之训己也，复归于亳。周公之不有天下，犹益之于夏，伊尹之于殷也。孔子曰：'唐虞禅，夏后、殷、周继，其义一也。'"

孔子的孙子子思说："仲尼祖述尧、舜。"（《中庸》）子曰："大哉，尧之为君也！巍巍乎！唯天为大，唯尧则之。"（《论语·泰伯》）

"否，不然也。"孟子回答的这四个字，成了后世"家天下"的挡箭牌。

"天与贤，则与贤；天与子，则与子。"看似"选贤不避亲"，实则偷换了概念。

"天与贤，则与贤"，天下是天下人的天下；"天与子，则与子"，天下变成了一家人的天下。

《孟子》的这一章看到此处，我认为没必要再往下读了。孟子自己也说，不可尽信书。

9.7　万章问曰："人有言伊尹以割烹要汤，有诸？"

万章问完了舜、尧、禹，接着问伊尹。他问老师："有人说伊尹是靠厨艺来取得商汤欢心的，有这样的事吗？"

"伊尹"，商汤的宰相。上一章孟子说："伊尹辅佐商汤统一了天下，商汤去世后，大丁未立就死了，外丙在外两年，仲壬在位四年，太甲破坏了商汤制定的法度，伊尹把太甲放逐到桐邑。悔过三年，太甲认识到自己的过错，一边悔恨，一边努力改正，在桐邑恪行仁义之道；三年之后，他能认真听取伊尹对自己的教训了，于是伊尹又让他重新回到亳城，做他的商王。"

《墨子·尚贤》云："昔伊尹为莘氏女师仆，使为庖人，汤得而举之。"

《史记·殷本纪》云："伊尹名阿衡。阿衡欲奸汤而无由，乃为有莘氏媵臣，负鼎俎，以滋味说汤，致于王道。"

从万章之问，可见当时许多人认同"伊尹以割烹要汤"。

> 孟子曰："否，不然。伊尹耕于有莘之野，而乐尧、舜之道焉。非其义也，非其道也，禄之以天下，弗顾也；系马千驷，弗视也。非其义也，非其道也，一介不以与人，一介不以取诸人。汤使人以币聘之，

嚣（xiāo）嚣然曰：'我何以汤之聘币为哉？我岂若处畎（quǎn）亩之中，由是以乐尧、舜之道哉？'

　　孟子回答得很干脆，否定两次。

　　比起现代，孟子生活的时代更接近伊尹生活的时代。孟子的回答，给我们留下了关于伊尹的珍贵的史料。他说："伊尹是在莘国的郊野从事耕作的，他以行尧、舜之道为乐。"

　　"非其义也，非其道也，禄之以天下，弗顾也；系马千驷，弗视也。非其义也，非其道也，一介不以与人，一介不以取诸人。"

　　"介"，芥也，微不足道的东西。可见，伊尹做到了严以律己。

　　孟子接着说："商汤起初曾派人拿着币帛去聘请伊尹，他悠然自得地说：'我凭什么要接受汤的聘礼呢？我难道不可以居住在郊野田园之间，践行尧、舜之道吗？'"

　　"汤三使往聘之，既而幡然改曰：'与我处畎亩之中，由是以乐尧、舜之道，吾岂若使是君为尧、舜之君哉？吾岂若使是民为尧、舜之民哉？吾岂若于吾身亲见之哉？天之生此民也，使先知觉后知，使先觉觉后觉也。予，天民之先觉者也；予将以斯道觉斯民也。非予觉之，而谁也？'

　　商汤三次派人去聘请他，"三使往聘之"。后来三国时期，刘备也三顾茅庐，请诸葛亮出门。

伊尹的观念发生了变化:"我与其待在郊野田园,以践行尧、舜之道为乐,还不如走出去,使我们的君主成为尧、舜一样贤明的君主,使我们的民众成为尧、舜时代的民众。我难道不可以在有生之年看见这样的盛世吗?"

其实,孟子之志何尝不是伊尹之志?但伊尹好命,遇到了商汤;孟子无运,见到的都是一些"望之不似人君"的诸侯王。

看伊尹的这句话多励志!他说:"上天生育人民,就是要让先知先觉者来唤醒后知后觉者。我伊尹是人民中间的先觉者,我就得用尧、舜之道使更多的人民觉悟。我不让他们觉醒,还有谁呢?"

写到此处,我思及我们四年共学经典的行动,我们也有这样的想法。知道了经典的好处,为什么不让更多人学习呢?

"思天下之民匹夫匹妇有不被尧、舜之泽者,若己推而内之沟中。其自任天下之重如此,故就汤而说之以伐夏救民。吾未闻枉己而正人者也,况辱己以正天下者乎?圣人之行不同也,或远或近,或去或不去,归絜其身而已矣。吾闻其以尧、舜之道要汤,未闻以割烹也。《伊训》曰:'天诛造攻自牧宫,朕载自亳。'"

孟子说:"伊尹想到天下百姓中,只要有一个人没有被尧、舜之道的雨露所沐浴,便好像自己把他推进山沟中一样。他就这样把匡扶天下的重担挑在自己肩上,所以他接近商汤,用讨伐夏桀、拯救百姓的道理来说服汤王。"

孟子接着说："我没有听说过自己不端正，却能够匡正别人的；何况侮辱自己来匡正天下呢？"孟子又说："圣人之行不同也，或远或近，或去或不去，归絜其身而已矣。"孟子最后回应万章之问："吾闻其以尧、舜之道要汤，未闻以割烹也。"

《伊训》是伊尹训太甲之文。"天诛造攻自牧宫，朕载自亳。""牧宫"，夏桀之宫。"朕载自亳"，伊尹辅佐商汤从亳都开始。以尧、舜之道讨伐夏桀。

孟子称伊尹"圣之任也"，胜任也。

焦循说："贤达之理世务也，推正以济时物，守己直行，不枉道以取容，期于益治而已矣。"（《孟子正义》）

毓老师说："真智者，糊涂一时，可不能糊涂一辈子。人刚开始，难免学究，但不要一辈子学究。读书人必要出来做些事，不能尽让流氓决定今天。中国占世界人口前列，全中国所负之责重大，知识分子应以'先知觉后知，先觉觉后觉'。不能像'竹林七贤'，虽有知识，但什么都不做，如同行尸走肉。人为何而活？人的价值何在？'文没在兹''文之道未坠于地，在人'，必要有守死善道，'仁以为己任'（《论语·里仁》），死而后已的精神。江山代有才人出，有好人当政，一棒接一棒，国家民族才有希望，'强德未济，豫解无穷'。"（《毓老师说孟子》）

9.8　万章问曰："或谓孔子于卫主痈疽（yōng jū），于齐主侍人瘠环，有诸乎？"

孟子曰："否，不然也，好事者为之也。于卫主颜雠（chóu）由。弥子之妻与子路之妻，兄弟也。弥子谓子路曰：'孔子主我，卫卿可得也。'子路以告。

孔子曰：'有命。'孔子进以礼，退以义，得之不得曰'有命'。而主痈疽与侍人瘠环，是无义无命也。孔子不悦于鲁、卫，遭宋桓司马将要而杀之，微服而过宋。是时孔子当阨，主司城贞子，为陈侯周臣。吾闻观近臣，以其所为主；观远臣，以其所主。若孔子主痈疽与侍人瘠环，何以为孔子？"

"痈疽"，疮医。"侍人"，阉人，太监。在古代，这两类人都能接近君主。"主"，以……为主人。

万章问："有人说孔子在卫国时，住在能接近卫灵公的痈疽的家里；在齐国时，又住在太监瘠环的家里，有这样的事吗？"

孟子说："否，绝对没有。这纯粹是好事者胡言乱语，孔子在卫国时住在颜雠由家里。"

"子路"，孔子的弟子。"弥子"，卫灵公的宠臣弥子瑕。孟子接着又讲了一个故事。孟子说："弥子瑕的妻子和子路的妻子是两姊妹。弥子瑕对子路说：'孔子如果住到我家，我可使他做卫国卿相。'子路把这话告诉了孔子。孔子说：'一切皆有天命。'孔子进身时依据礼法，退隐时依据道义，得不得到官职都认为'有命'。如果孔子住在痈疽之家或太监瘠环之家，就是不依礼义、无视命运了。"

生死有命，富贵在天。命中自有定数。

"得之不得曰'有命'。"得到了，没什么好高兴的；失去了，也没什么好担忧的。不强求，也不为难。一切，顺其自然。

朱熹引徐氏注曰："礼主于辞逊，故进以礼；义主于制断，故退以义。难进而易退者也，在我者有礼义而已，得之不得则有命存焉。"

（《四书章句集注》）

"司城贞子"，贤大夫，陈国人。孟子说："孔子在鲁国、卫国都不得志，又碰到宋国司马桓魋准备拦路劫杀他，只好改变服装悄悄地通过宋国。这是孔子人生最艰难的时刻，他住在司城贞子家里，做了陈侯周的臣子。"

"孔子遂至陈，主于司城贞子家。"（《史记·孔子世家》）

物以类聚，人以群分。看一个人，要看他交往的圈子。

"吾闻观近臣，以其所为主；观远臣，以其所主。""闻"，听闻。"观"，观察。一个当政的大臣是好是坏，要看他接待什么客人；一个外来的大臣是好是坏，要看他投靠什么样的主人。

孔子怎么会住到痈疽之家或太监瘠环之家呢？如果真是那样，孔子还是孔子吗？

你我是否真正思考过这个问题？如果你是一名官员，你如何看待你的进退存亡？如果你是一名商人，你又如何看待你的进退得失？

> 9.9　万章问曰："或曰：'百里奚自鬻（yù）于秦养牲者五羊之皮，食牛，以要秦缪公。'信乎？"
>
> 孟子曰："否，不然。好事者为之也。百里奚，虞人也。晋人以垂棘之璧与屈产之乘，假道于虞以伐虢（guó）。宫之奇谏，百里奚不谏。知虞公之不可谏而去，之秦，年已七十矣。

看万章之问，发现他真是一个好学生。他在书中看到一些史料的记载，因有自己独立的思考，便产生了质疑，向老师求证。

前两章他质疑"伊尹以割烹要汤"，此处他又质疑百里奚用五张羊皮来接近秦缪（穆）公。

当代学生最缺的是万章的这种敢问精神。

"百里奚"，起初在虞国做大夫，后来又到了秦国，是秦缪（穆）公依仗的贤相。

万章问道："有人说：'百里奚把自己卖给秦国养牲畜的人，以五张羊皮的代价，给人家养牛，以便接近秦缪（穆）公。'这可信吗？"孟子回答说："不，不是这样的，这是好事者编造的。"

有多少"好事者为之也"，我们是否信以为真？

"假道伐虢"，晋国借虞国之道灭了虢国，回师时，顺便把虞国也消灭了。下面这段引文就记载了这件事：

"晋荀息请以屈产之乘与垂棘之璧，假道于虞以伐虢。公曰：'是吾宝也。'对曰：'若得道于虞，犹外府也。'公曰：'宫之奇存焉。'对曰：'宫之奇之为人也，懦而不能强谏，且少长于君，君昵之，虽谏，将不听。'乃使荀息假道于虞，曰：'冀为不道，入自颠𫐌，伐鄍三门。冀之既病，则亦唯君故。今虢为不道，保于逆旅，以侵敝邑之南鄙。敢请假道以请罪于虢。'虞公许之，且请先伐虢。宫之奇谏，不听，遂起师。夏，晋里克、荀息帅师会虞师伐虢，灭下阳。"（《左传·僖公二年》）

孟子根据这段历史回答万章说："百里奚本是虞国人。当时，晋国人以垂棘的玉璧与屈地出产的名马为礼物，贿赂虞国，借虞国的道路来讨伐虢国。宫之奇劝阻虞公，百里奚却未谏。"

百里奚为何不谏？

百里奚知道，他即便劝阻，虞公也不会听他的。他知虞国必亡，于是离开了故土，去了秦国。这一年，他已是七十岁的老人了。

> "曾不知以食牛干秦缪公之为污也，可谓智乎？不可谏而不谏，可谓不智乎？知虞公之将亡而先去之，不可谓不智也。时举于秦，知缪公之可与有行也而相之，可谓不智乎？相秦而显其君于天下，可传于后世，不贤而能之乎？自鬻以成其君，乡党自好者不为，而谓贤者为之乎？"

接下来，孟子连续举了六个例子来证明"好事者"之伪：第一，百里奚竟然不知道他以喂牛的方式接近秦缪（穆）公是有侮自己的行为吗？这难道说得上聪明吗？第二，知道虞公不听劝谏就不去谏言，难道说这样的人不聪明吗？第三，预见虞国假道后必亡，自己就提前离开了，这不能说他没有智慧吧？第四，当他在秦国被推举出来的时候，他知道秦缪（穆）公是位值得辅佐而能有所作为的君主，难道说他没有大智慧吗？第五，他效力于秦国而使秦国君主名扬天下，流芳后世，如果他不是一个贤能之人，怎么可能做到呢？第六，用卖身的方法成全其君，这种行为，连乡下人中洁身自好的都不会去做，难道像百里奚这样的大贤者会做这种事吗？

孟子就是孟子，善于雄辩，所举之例也都基于人性和事实。

赵岐注："章指言：君子时行则行，时舍则舍，故能显君明道，不为苟合而为正者也。"（《孟子章句》）

自省吾身

自省吾身

万章下

10.1　孟子曰："伯夷，目不视恶色，耳不听恶声，非其君不事，非其民不使，治则进，乱则退。横政之所出，横民之所止，不忍居也。思与乡人处，如以朝衣朝冠坐于涂炭也。当纣之时，居北海之滨，以待天下之清也。故闻伯夷之风者，顽夫廉，懦夫有立志。

《孟子》这一章非常非常重要！

孟子列举了中华文化史上的四位圣人：伯夷、伊尹、柳下惠、孔子。自古以来，这四位圣人都是知识分子的道德典范，影响了一代又一代的"士"。

我曾读到当代著名史学家许倬云先生的文章《中华文化让我伤心的地方》。他感慨地说："中国文化到了今天已经是只剩皮毛，不见血肉，当然也没有灵魂。"他还说："国人如今的心灵和精神状态的空虚是已然存在的现象，而这一现象不会自然解决。"

孟子说："伯夷，眼睛不看不好的东西，耳朵不听不好的声音。"

子曰："非礼勿视，非礼勿听，非礼勿言，非礼勿动。"（《论语·颜渊》）

孟子接着说："不是他想要的君主就不去侍奉，不是他理想的百姓就不去使唤，天下太平就出来做事，天下混乱就退隐山野。施行暴政的国家，有暴民的地方，他都不愿意居留。他认为同没被教化的人相处，好像穿着朝衣朝冠坐在烂泥或者炭灰之上。当时商朝纣王执政，他就住在北海边上，等待天下清明的到来。"

焦循说："是则伯夷之所以为伯夷者，其行事甚委曲，其用心甚平直，第求无污于己，而非必有苟于人，故得为圣之清。"（《孟子正义》）

蒋伯潜曰："故闻伯夷之风者，顽夫廉，懦夫有立志。""顽，无知而贪也。廉，廉洁也。懦，柔弱也。立志，自立之志。"（《新刊广解四书读本》）孟子说："所以听说伯夷风范的人，无知而贪得者都会变得廉洁起来，懦弱匹夫也都产生独立不屈的意志。"

看别人，思考自身，这才是真正的读圣贤书。

> "伊尹曰：'何事非君？何使非民？'治亦进，乱亦进，曰：'天之生斯民也，使先知觉后知，使先觉觉后觉。予，天民之先觉者也，予将以此道觉此民也。'思天下之民匹夫匹妇有不与被尧、舜之泽者，如己推而内之沟中，其自任以天下之重也。

伊尹有另一种人生境界。他说："哪个君主不可以侍奉？哪个百姓不可以使唤？"他"治亦进，乱亦取"。伊尹的理念是"上天生育这些人民，就是要让先知先觉的人去开导后知后觉的人。我伊尹就是天民中间的先觉者，我的使命就是用我悟透的大道去唤醒那些后知后觉的人"。他想到天下的匹夫匹妇，哪怕有一个人没有受惠于尧、舜之道，便好像是自己把他推进山沟里一样。许仁图说："既能于治世中发挥长才，也能于乱世中力挽狂澜，何等英雄！太甲无德行，伊尹放逐于桐三年。"（《说孟子》）张居正说："是其举宇宙之大，兆庶之众，无一民一物不在其担当负荷之中。其自任以天下之重如此。此伊尹之行也。"（《张居

正讲评〈孟子〉》）

"士不可以不弘毅，任重而道远。仁以为己任，不亦重乎？死而后已，不亦远乎？"（《论语·泰伯》）

"伊尹，圣之任者也"，看伊尹所思、所言、所行，是不是热血沸腾？

> "柳下惠，不羞污君，不辞小官；进不隐贤，必以其道；遗佚而不怨，阨（è）穷而不悯。与乡人处，由由然不忍去也。'尔为尔，我为我，虽袒裼（xī）裸裎（chéng）于我侧，尔焉能浼（měi）我哉？'故闻柳下惠之风者，鄙夫宽，薄夫敦。孔子之去齐，接淅（xī）而行；去鲁，曰：'迟迟吾行也。'去父母国之道也。可以速而速，可以久而久，可以处而处，可以仕而仕，孔子也。"

孟子接着说："柳下惠不以侍奉昏君为耻，也不因官职小就辞掉。立于朝，不隐藏自己的才能，但是一定按公道原则办事。不被重用也不怨恨，遭受困穷也不忧愁。同乡下人相处，高高兴兴地不舍得离开。"

"鄙"，狭陋。"敦"，厚重。孟子说："所以听说柳下惠的风范，胸襟狭隘之人也会宽大起来，尖酸刻薄之人也会厚道起来。"

毓老师说："柳下惠，'不羞污君，不辞小官''圣之和者'。和，发而皆中节，'和而不流，强哉矫'（《中庸》），真定的功夫。"（《毓老师说孟子》）

"尔为尔，我为我"，后面一句是柳下惠的名言："你纵然在我身边赤身露体，又怎么能玷污我呢?"

孔子离开齐国时，匆匆忙忙，都不等米淘完就走；离开故乡鲁国时，却说"我们慢慢走吧"，这是离开祖国的态度。

蒋伯潜曰："接，承也。淅，渍米也。接淅，是说米已淘浸，将下锅造饭，为了要走，来不及炊，就将米捞了起来，用手承着，立刻动身。'接淅而行'，是极言其动身之快。至于离开鲁国，则说'迟迟吾行'，这是因为鲁是父母之国，不忍即别也。孔子做人，看时局，看环境，随机应付。"(《新刊广解四书读本》)

"可以速而速，可以久而久，可以处而处，可以仕而仕"，权变时中，无可无不可，"孔子也"。

> 孟子曰："伯夷，圣之清者也；伊尹，圣之任者也；柳下惠，圣之和者也；孔子，圣之时者也。孔子之谓集大成。集大成也者，金声而玉振之也。金声也者，始条理也；玉振之也者，终条理也。始条理者，智之事也；终条理者，圣之事也。智，譬则巧也；圣，譬则力也。由射于百步之外也，其至，尔力也；其中，非尔力也。"

这是孟子对这四位圣贤的评价。孔子又可以说是其中的集大成者。

朱熹注："此言孔子集三圣之事，而为一大圣之事；犹作乐者，集众音之小成，而为一大成也。成者，乐之一终，《书》所谓'箫〈韶〉九成'是也。"(《四书章句集注》)

344

毓老师说："奏乐，以钟开始发声，用磬收韵。'金声''始条理者'，智之事，好的开始，利仁者；'玉振''终条理者'，圣之事，做事能'有始有卒'，成'圣功'。"（《毓老师说孟子》）

孟子说："'集大成'的意思就像奏乐以钟声起音，以磬声结束。先敲钟，是节奏条理的开始；终击磬，是节奏条理的终结。条理的开始在于智，条理的终结在于圣。智好比技巧，圣好比气力。犹如在百步之外射箭，射到靠力气，射中却不是靠力气。"

张居正说："大成即圣之全体，而时中即智之妙用。智而后能圣，圣而后能时，理固一原，而圣心之纯，实贯始终而无间者也。观其自言，亦谓由志学而驯至于从心不逾矩。夫志学，智也，不逾矩，时也，合而观之，而圣德之全益见矣。"（《张居正讲评〈孟子〉》）

毓老师说："知时，用时，'时之义大矣哉！'六位时成，时乘六龙以御天'（《易经·乾卦》）。'君子而时中'，知中不知时，为老顽固。"

毓老师又说："自此章，可知要如何用智慧。读书要能'辨'，'明辨之'才能'笃行之'。'履霜坚冰至，由辨之不早辨也'（《易经·坤卦》），达分辨的境界了，才能致用。"（《毓老师说孟子》）

赵岐注："章指言：圣人由力，力有常也；贤者由巧，巧可增也。仲尼天高，故不可阶；他人丘陵，丘陵犹可逾。所谓小同而大异者也。"（《孟子章句》）

10.2 北宫锜（qí）问曰："周室班爵禄也，如之何？"

孟子曰："其详不可得闻也。诸侯恶其害己也，而皆去其籍。然而轲也，尝闻其略也。天子一位，公

■ 一位，侯一位，伯一位，子、男同一位，凡五等也。

"班"，通"颁"，颁布。"爵"，爵位。"禄"，俸禄。

北宫锜问孟子："周朝颁布的官爵和俸禄的制度，是怎样的？"

孟子回答说："详细情况已经不能够知道了，诸侯厌恶它妨碍自己，把那些文献都销毁了。"

"籍"，典籍。"诸侯恶其害己也，而皆去其籍。"可见，"坑儒"的是秦始皇，而"焚书"事件早在春秋战国时期就已发生了。"皆去其籍"，还不只是一两个诸侯。

所以我们阅读古籍，要注意思考，看到的不一定是原文。被篡改了的经典，显示的也不是圣贤们的本来大义。

"轲"，孟子。"然而轲也，尝闻其略也。"孟子说："但是我也曾听说过一些。"

细微处，才有真实义！

孟子明明说："天子一位，公一位，侯一位，伯一位，子、男同一位，凡五等也。"五等爵位分别是"天子""公""侯""伯""子、男"。"天子"也是其中的一爵。

但后来五等爵位变样了，变为"公""侯""伯""子""男"。这样，天子一爵就不在五等之列，它变成了至高无上的地位。"公天下"转向"家天下"。

孔子著《春秋》，正本清源，大义就在此处。所以孟子说："《春秋》，天子之事也。"所以，孔子才说："知我者其惟《春秋》！罪我者其惟《春秋》乎！"（《孟子·滕文公下》）《春秋》，"贬天子，退诸侯，讨大夫，以达王室而已矣"（《史记·太史公自序》）。

"君一位，卿一位，大夫一位，上士一位，中士一位，下士一位，凡六等。天子之制，地方千里，公、侯皆方百里，伯七十里，子、男五十里，凡四等。不能五十里，不达于天子，附于诸侯，曰附庸。天子之卿受地视侯，大夫受地视伯，元士受地视子、男。大国地方百里，君十卿禄，卿禄四大夫，大夫倍上士，上士倍中士，中士倍下士，下士与庶人在官者同禄，禄足以代其耕也。次国地方七十里，君十卿禄，卿禄三大夫，大夫倍上士，上士倍中士，中士倍下士，下士与庶人在官者同禄，禄足以代其耕也。小国地方五十里，君十卿禄，卿禄二大夫，大夫倍上士，上士倍中士，中士倍下士，下士与庶人在官者同禄，禄足以代其耕也。耕者之所获，一夫百亩。百亩之粪，上农夫食九人，上次食八人，中食七人，中次食六人，下食五人。庶人在官者，其禄以是为差。"

毓老师说："'世卿非礼也'，不能世及，推之'君一位'，亦不应世袭。此为真正的'王制'。乱制下的思想，与孔子'王制'思想是两回事。但《礼记·王制》已被改得乱七八糟，汉儒将当时思想掺入，已名存而实亡。"（《毓老师说孟子》）

以上段落，你我了解个大概就可以了。

10.3　万章问曰："敢问友。"

> 孟子曰："不挟长、不挟贵、不挟兄弟而友。友也者，友其德也，不可以有挟也。

万章问老师交友的原则。你我正好也对照一下，我们自己是如何交友的？

"挟"，倚仗。孟子说："不倚仗自己年龄大、不倚仗自己地位高、不倚仗兄弟关系交朋友。交朋友，看中朋友的品德，不可以有倚仗的观念。"

曾子曰："君子以文会友，以友辅仁。"（《论语·颜渊》）

孔子曰："益者三友，损者三友。友直，友谅，友多闻，益矣。友便辟，友善柔，友便佞，损矣。"（《论语·季氏》）

孟子又提出"友也者，友其德也"，孔子的"友直""友谅"，就是"友其德"。

我们的交友之道是什么？看重朋友的钱？或是朋友的权？真正的"友其德"，是以德交友，而不是结势利之交。

> "孟献子，百乘之家也，有友五人焉：乐正裘、牧仲，其三人，则予忘之矣。献子之与此五人者友也，无献子之家者也。此五人者，亦有献子之家，则不与之友矣。非惟百乘之家为然也，虽小国之君亦有之。费（bì）惠公曰：'吾于子思，则师之矣；吾于颜般，则友之矣；王顺、长息则事我者也。'

孟子说："孟献子是位拥有百辆车马的大夫，他有五位朋友：乐正裘，牧仲，其余三位我忘记了。"他接着说："孟献子和他们五位相交，因为他们没有'百乘之家'的观念；而这五位如果存有孟献子是位大夫的想法，孟献子也就不会同他们交友了。"

不仅仅有"百乘之家"的大夫是这样的，孟子又举了一个小国的君主交友的例子。"费惠公"，费邑之君。他说："我对于子思以老师之礼相待；对于颜般，则以朋友之谊相交；至于王顺、长息，那不过是为我工作的。"

张居正说："观惠公之言，是不敢以待王顺、长息者而待颜般，不敢以待颜般者而待子思，尊德之诚，有隆无替，其不挟贵而友，征之小国之君者，又如此。"（《张居正讲评〈孟子〉》）

> "非惟小国之君为然也，虽大国之君亦有之。晋平公之于亥唐也，入云则入，坐云则坐，食云则食，虽蔬食菜羹，未尝不饱，盖不敢不饱也。然终于此而已矣，弗与共天位也，弗与治天职也，弗与食天禄也，士之尊贤者也，非王公之尊贤也。舜尚见帝，帝馆甥于贰室，亦飨舜，迭为宾主，是天子而友匹夫也。

孟子接着又举了"大国之君"的例子。"亥唐"，晋国贤人。"晋平公"，晋国之君。他俩是朋友。孟子说："晋平公到亥唐那里去，亥唐叫他进去便进去，叫他坐便坐，叫他吃饭便吃饭。虽然是粗茶淡饭，也从来没有吃不饱，因为不敢不吃饱。然而晋平公对于亥唐，也不过限于交友之道，没有和亥唐共享爵位，没有和亥唐同理政务，也没有和亥唐分享俸禄，这是士人尊贤的态度，而不是王公尊贤的态度。"

蒋伯潜曰："位，职，禄，皆天所授；故位曰天位，职曰天职，禄曰天禄，此三者，平公弗能与亥唐共有也。故平公的交友，是和士人的尊贤一般，不是用王公的身份来尊贤的。此言大国之君不挟贵。"（《新刊广解四书读本》）

孟子继续举尧、舜的例子。孟子说："舜谒见尧，尧安排舜住在副宫里，也时时到舜的地方去吃饭，互为主人和客人。这是天子同老百姓交友的范例。"尧贵为天子，但是"不挟贵"。

"用下敬上，谓之贵贵；用上敬下，谓之尊贤。贵贵、尊贤，其义一也。"

孟子总结说："职位低的人尊敬职位高的人，叫尊重贵人；职位高的人尊敬职位低的人，叫尊敬贤者。尊重贵人和尊敬贤者，道理是相同的。"

朱熹注："贵贵、尊贤，皆事之宜者。然当时但知贵贵，而不知尊贤，故孟子曰'其义一也'。此言朋友人伦之一，所以辅仁，故以天子友匹夫而不为诎，以匹夫友天子而不为僭。此尧、舜所以为人伦之至，而孟子言必称之也。"（《四书章句集注》）

毓老师说："'贵贵'，前为动词，后为名词，下敬上，臣恭于君。贵为天子，天爵自尊吾自贵，自尊自贵，在上位者，不可为匹夫行。完全在自己的修为，富贵在天。'尊贤'，上敬下，礼于臣，礼贤下士。见贤思齐，贤者在位。知人则明，知人则哲，知人者智，要明理，要有智慧。"（《毓老师说孟子》）

只知"贵贵",少有"尊贤"。眼习惯于朝上看,心不愿往下沉。真通透者,当知"贵贵、尊贤,其义一也""友也者,友其德也,不可以有挟也"。

10.4 万章曰:"敢问交际何心也?"
孟子曰:"恭也。"
曰:"却之却之为不恭,何哉?"

万章前面问了臣道、友道,本章再说人与人之间的交往之道。

朱熹注:"际,接也。交际,谓人以礼仪币帛相交接也。"(《四书章句集注》)现代人也说善于交际。万章问老师:"请问怎样交友?"也可以说,应该以什么样的心理去与人交际?

孟子曰:"恭也。"交际要彼此尊敬,要存有恭敬之心。

"却",拒而不受。有句谚语"却之不恭,受之有愧",送你礼物,你拒绝了,觉得不恭敬;你接受了,觉得有愧。请你吃饭,你拒绝了,觉得不好意思;你不拒绝,又觉得心里难受。

"却之却之为不恭",有时过度推辞就是不恭敬。过年了,你父亲要给你儿子一点压岁钱,你非要推辞,没让儿子收下,这就是一种不恭。遇到这种情况,你可以先让儿子收下,表示感谢。再加点钱,让儿子孝敬爷爷,这叫礼尚往来。

曰:"尊者赐之,曰'其所取之者,义乎,不义乎',而后受之,以是为不恭,故弗却也。"

曰："请无以辞却之，以心却之，曰'其取诸民之不义也'，而以他辞无受，不可乎?"

曰："其交也以道，其接也以礼，斯孔子受之矣。"

孟子回答说："如果地位尊贵的人馈赠你礼物，你要思考取得这礼物是合于义还是不合于义，然后才接受，这是不恭敬的，因此不应该拒绝。"

万章接着追问："我嘴上不说，只是在心里不接受，心想：'这是他取自百姓的不义之财呀。'因而找别的借口来拒绝，难道不可以吗?"孟子没有正面回答他，孟子说："只要他遵守规矩同我交往，依据礼节同我接触，这样，就算是孔子都会接受的。"

礼尚往来，关键是"其交也以道，其接也以礼"。

万章曰："今有御人于国门之外者，其交也以道，其馈也以礼，斯可受御与?"

曰："不可。《康诰》曰：'杀越人于货、闵不畏死，凡民罔不谦（duì）。'是不待教而诛之者也。殷受夏，周受殷，所不辞也。于今为烈，如之何其受之?"

朱熹注："御：止也。止人而杀之，且夺其货也。国门之外，无人之处也。万章以为苟不问其物之所从来，而但观其交接之礼，则设有御人者，用其御得之货以礼馈我，则可受之乎?"（《四书章句集注》）

孟子说:"不可以。《康诰》说:'杀死别人,抢夺财物,强横不怕死,这种人,百姓没有不痛恨的。'这些人不用教育就可以诛杀。"

毓老师说:"'殷受夏,周受殷,所不辞也。于今为烈'十四字,朱子以为衍文,说:'殷受至为烈十四字,语意不伦,李氏以为此必有断简或阙文者,近之,而愚意其直为衍字耳。'腐儒不敢说真话,值得帝王利用。'殷受夏',天下之坏,皆自夏始,至禹而德衰。大盗盗国,杀人越货。'三年一升迁',还以为光彩。古人思想在乱制下受尽了委曲,仍要保留一些真理使后人知,有朝一日可以'见之于行事',复'天下为公'之制。"(《毓老师说孟子》)

> 曰:"今之诸侯取之于民也,犹御也。苟善其礼际矣,斯君子受之,敢问何说也?"
>
> 曰:"子以为有王者作,将比今之诸侯而诛之乎?其教之不改而后诛之乎?夫谓非其有而取之者盗也,充类至义之尽也。孔子之仕于鲁也,鲁人猎较,孔子亦猎较。猎较犹可,而况受其赐乎?"

庄子说:"窃钩者诛,窃国者为诸侯。"(《庄子·胠箧》)万章说:"现在诸侯的财物,无非是从人民腰包里窃取来的,与盗贼无异。但诸侯这样得来的东西,拿出来赏赐他的部下、朋友,以礼相待,即使是很有德行的君子,也会接受这种馈赠。"他问孟子如何解释这样的交际?

万章越问越深入,他的问题已经触及孟子本人的生活了。孟子经常和诸侯交往,这些诸侯犹御人。

孟子说："你以为假如有圣王出现，对于今天的诸侯是一律诛杀呢？还是先行教育，如其再不改悔，然后再诛杀呢？"孟子此处已是强辩。他接着说："至于不是自己所有而取得，即为盗，这种说法是把义的标准提升至尽头了吧。从前，孔子在鲁国为官，鲁国人每逢祭祀时，都要进行猎较，孔子也参与，猎较都可以，何况接受诸侯的赐予呢？"

　　"猎较"，朱熹注："猎较未详。赵氏以为田猎相较，夺禽兽之祭。孔子不违，所以小同于俗也。张氏以为猎而较所获之多少也。二说未知孰是。"（《四书章句集注》）

> 曰："然则孔子之仕也，非事道与？"
> 曰："事道也。"
> "事道奚猎较也？"
> 曰："孔子先簿正祭器，不以四方之食供簿正。"
> 曰："奚不去也？"
> 曰："为之兆也。兆足以行矣，而不行，而后去，是以未尝有所终三年淹也。孔子有见行可之仕，有际可之仕，有公养之仕也。于季桓子，见行可之仕也；于卫灵公，际可之仕也；于卫孝公，公养之仕也。"

　　万章再问："孔子做官，不是为了行道吗？"

　　孟子回答说："是为了行道。"

　　万章问："既然为了行道于朝，又何须参与猎较呢？"

　　蒋伯潜曰："孔子所以猎较者，因为孔子仕于衰世，不能立刻尽变一切习俗，所以先立簿书，而正宗庙之祭器；祭器一正，则祭品均有规定，不必以四方的珍食供簿中所规定的正式祭品了；这样，猎较之俗，也就可以渐渐废止了。"（《新刊广解四书读本》）

万章问："奚不去也？"孔子为什么不离去呢？蒋伯潜曰："孔子如此委曲周全，终于行不通为什么不就走也。"他接着曰："'为之兆'者，小试其道，示人以成绩，使人知其道之可行也。兆足以行，而道终不行，于是去之。所以孔子虽没有立刻就走，也没有作三年之久的淹留的。"（《新刊广解四书读本》）

孟子最后总结说："孔子做官，有的是因为可以行道，有的是因为君主对他礼遇厚，也有的是因为国君养贤。在季恒子那做官，是因为可以行道；在卫灵公那做官，是因为受礼遇；在卫孝公那做官，是因为国君养贤。"

焦循注曰："行可，冀可行道也。鲁卿季桓子之政，孔子仕之，冀可得因之行道也。际，接也。卫灵公接遇孔子以礼，故见之也。卫孝公以国君养贤者之礼养孔子，故宿留以答之。"（《孟子正义》）

回到开头："敢问交际何心也？"孟子的结论是以恭敬之心，"其交也以道，其接也以礼"。"以道"，则始终不迷乱；"以礼"，则进退不失正。

10.5　孟子曰："仕非为贫也，而有时乎为贫；娶妻非为养也，而有时乎为养。

后人读《孟子》这一章可能会费解，为什么？因为没有从孟子的角度去看问题。孟子告诫士人养成独立、自主的人格，而不要成为奴役于外物、奴役于君王的附庸。

上一章孟子回答万章的问题时，说"孔子之仕"是"事道也"。本章是对这一话题的进一步发挥。

孟子说："做官不是因为贫穷，但有时候也因为贫穷。娶妻不是为了养育父母，但有时候也为了养育父母。"

赵岐注："仕本为行道济民也，而有以居贫亲老而仕者。娶妻本为继嗣也，而有以亲执釜灶，不择妻而娶者。"（《孟子章句》）

为什么要做官？做官的初衷是推行大道，接济百姓。

《韩诗外传》云："曾子仕于莒，得粟三秉，方是之时，曾子重其禄而轻其身。亲没之后，齐迎以相，楚迎以令尹，晋迎以上卿，方是之时，曾子重其身而轻其禄。怀其宝而迷其国者，不可与语仁；窭其身而约其亲者，不可与语孝。任重道远者，不择地而息；家贫亲老者，不择官而仕。故君子桥褐趋时，当务为急。"

曾子之仕，给我们很大启发。身居高位却不专心于行道济民，而贪图厚禄，这样对吗？

"为贫者，辞尊居卑，辞富居贫。辞尊居卑，辞富居贫，恶乎宜乎？抱关击柝（tuò）。

孟子接着说："因为贫穷而做官的，便该拒绝高位，居于卑位，拒绝厚禄，只受薄俸。那居于什么位置才合宜呢？做个守关小吏或者击柝的更夫就行了。"

《史记·信陵君列传》云："魏有隐士曰侯嬴，年七十，家贫，为大梁夷门监者。"

当年若没有关尹喜，或许就没有老子的《道德经》了。

孟子为什么要这样说呢？张居正说："其惟守关之吏，讥访出入，以击柝为职者，其位既卑，而事不难于理，其禄甚薄，而食不浮于人，此则为贫而仕者之所宜居也。"（《张居正讲评〈孟子〉》）

> "孔子尝为委吏矣，曰：'会计当而已矣。'尝为乘田矣，曰：'牛羊茁壮长而已矣。'位卑而言高，罪也；立乎人之本朝，而道不行，耻也。"

孟子说："孔子也曾做过管理仓库的小吏，他说：'出入的数字都对就可以了。'他也曾做过管理牲畜的小吏，他说：'牛羊都壮实地长大就可以了。'"

孔子曰："吾少也贱，故多能鄙事。"（《论语·子罕》）

您都"立乎人之本朝"，已经是朝廷大员了，还满脑子都是自己家的"一亩三分地"，反省一下，不感到耻辱吗？

为官应造福一方。

赵岐注："章指言：国有道则能者取卿相，国无道则圣人居乘田，量时安卑，不受言责，独善其身之道也。"（《孟子章句》）

> 10.6　万章曰："士之不托诸侯，何也？"
> 　　孟子曰："不敢也。诸侯失国，而后托于诸侯，礼也。士之托于诸侯，非礼也。"

赵岐注："托，寄也。谓若寄公食禄于所托之国也。"（《孟子章句》）

万章问："士人不依附于诸侯，这是什么原因？"

孟子回答说："士人不敢这样。诸侯丧失了自己的国家，然后依附于别国诸侯，这是符合礼的。士依附于诸侯，是不符合礼的。"

焦循曰："古之上士中士下士者，皆有职之人也。其未仕而读书谭道者，通谓之儒。《周礼》'儒以道得民'，《鲁论》'女为君子儒'，是也。间亦称士，如《管子》士农工商为四民，《曾子》'士不可以不弘毅'之类。"（《孟子正义》）

现代社会，你如果有工作收入，还想领取失业救济金，可以吗？

> 万章曰："君馈之粟，则受之乎？"
>
> 曰："受之。"
>
> "受之何义也？"
>
> 曰："君之于氓也，固周之。"
>
> 曰："周之则受，赐之则不受，何也？"
>
> 曰："不敢也。"
>
> 曰："敢问其不敢何也？"
>
> 曰："抱关击柝者，皆有常职以食于上。无常职而赐于上者，以为不恭也。"

"周"，周济也。"周急不继富。"（《论语·雍也》）

曰："君馈之，则受之，不识可常继乎？"

曰："缪公之于子思也，亟问，亟馈鼎肉。子思不悦。于卒也，摽（biāo）使者出诸大门之外，北面稽首再拜而不受。曰：'今而后知君之犬马畜伋。'盖自是台无馈也。悦贤不能举，又不能养也，可谓悦贤乎？"

万章问："君王若是给他粮食，能接受吗？"

孟子举了鲁国国君和子思的事例来回答万章之问，他说："过去鲁缪（穆）公对于子思，就是屡次问候，屡次送他熟肉。子思很不高兴。最后一次，子思便把使者赶出大门，自己朝北面稽首再拜，拒绝了。子思说：'今天才知君王把我当成犬马一样地畜养。'从此，鲁缪（穆）公便不以'馈赠'的名义给子思送礼了。喜爱贤人，却不能重用，又不能有礼貌地照顾他的生活，这怎么能说'悦贤'呢？"

"志士不饮盗泉之水，廉者不受嗟来之食。"（《后汉书·列女传》）堂堂一代圣贤子思，怎肯屡屡稽首，为五斗米弯腰乎？

曰："敢问国君欲养君子，如何斯可谓养矣？"

曰："以君命将之，再拜稽首而受。其后廪人继粟，庖人继肉，不以君命将之。子思以为鼎肉，使己仆仆尔亟拜也，非养君子之道也。尧之于舜也，使其子九男事之，二女女焉，百官牛羊仓廪备，以养舜于畎亩之中，后举而加诸上位，故曰，王公之尊贤者也。"

万章说："斗胆地问，国君要在生活上照顾君子，怎样才算有礼节地养士？"

孟子认为鲁国国君派人"以君命将之"，使子思"再拜稽首而受"，非养君子之道也。

孟子举了尧奉养舜的例子，以之为"王公之尊贤"的典范。他说："尧对于舜，让自己的九个儿子向他学习，把自己的两个女儿嫁给他，而且官吏、牛羊、仓库，无一不备，以养舜于畎亩之中。后来经过培养，又把他提拔到很高的职位上。"

张居正说："人君欲尽养贤之道，诚不可不知所以用贤矣。养之而无以用之，贤者尚不可以虚拘，而况于并废养贤之礼者乎？"（《张居正讲评〈孟子〉》）

赵岐注："章指言：知贤之道，举之为上，养之为次，不举不养，贤恶肯归？是以孟子上陈尧、舜之大法，下刺缪公之不宏。"（《孟子章句》）

10.7　万章曰："敢问不见诸侯，何义也？"

孟子曰："在国曰市井之臣，在野曰草莽之臣，皆谓庶人。庶人不传质为臣，不敢见于诸侯，礼也。"

围绕着交际这个话题，万章还在追问："您不去见诸侯，是什么用意？"

孟子说："如果士人居住在城中，便叫市井小民；如果士人居住在田野，就叫草莽之夫，这都属于老百姓。老百姓不给诸侯送礼称臣，所以不敢随意拜见诸侯，礼当如此。"

　　　万章曰："庶人，召之役，则往役；君欲见之，召之，则不往见之，何也?"

　　　曰："往役，义也；往见，不义也。且君之欲见之也，何为也哉?"

　　　曰："为其多闻也，为其贤也。"

　　万章说："老百姓，召他去服役，便去服役；君主若要召见他，他却不去拜见，这又是为什么?"

　　孟子说："去服役，是分内之事；去拜见，则不是分内之事。再说，君主想让他去见面，是出于什么目的?"

　　万章说："因为他见闻广博，品德高洁。"

　　　曰："为其多闻也，则天子不召师，而况诸侯乎?为其贤也，则吾未闻欲见贤而召之也。缪公亟见于子思，曰：'古千乘之国以友士，何如?'子思不悦，曰：'古之人有言：曰事之云乎，岂曰友之云乎?'子思之不悦也，岂不曰：'以位，则子，君也；我，臣也。何敢与君友也?以德，则子事我者也。奚可以与我友?'千乘之君求与之友，而不可得也，而况可召与?齐景公田，招虞人以旌，不至，将杀之。志士不忘在沟壑，勇士不忘丧其元。孔子奚取焉?取非其招不往也。"

曰："敢问招虞人何以？"

曰："以皮冠。庶人以旃（zhān），士以旂（qí），大夫以旌（jīng）。以大夫之招招虞人，虞人死不敢往。以士之招招庶人，庶人岂敢往哉？况乎以不贤人之招招贤人乎？欲见贤人而不以其道，犹欲其入而闭之门也。夫义，路也；礼，门也。惟君子能由是路，出入是门也。《诗》云：'周道如底（dǐ），其直如矢；君子所履，小人所视。'"

孟子回答说："如果因为他见闻广博，那么连天子都不能召唤老师，何况诸侯呢？如果因为他品德高洁，那我也没听说过自己想要同贤者相见而随便召唤的。"

中国古代，面见老师、面见贤者是很讲究礼仪的。

孟子举了一个例子，鲁缪（穆）公几次去拜见子思，说道："古代拥有千辆兵车的国君若同士人交友，是怎样的呢？"子思很不高兴，说："古人有言曰：国君以士人为师，怎能说与士人为友呢？"子思的意思是：论地位，你是国君，我是臣子，哪敢同你交朋友？论道德，你是向我学习的人，又怎么可以同我交朋友呢？

"千乘之君求与之友，而不可得也，而况可召与？"孟子再次回应主题，一位贤士怎可任国君随意召唤呢？

这就是中国古代士人的风骨！这种风骨今天还留存多少？

前文讲过"昔齐景公田，招虞人以旌，不至，将杀之"的故事。此处，孟子又引用了一次，齐景王若不合乎礼，虞人都不听他的召唤。其言下之意，何况我孟子呢？

梁启超诗云："求仁得仁有何怨，老死何妨死路旁。"有一位日本和尚诗云："埋骨何须桑梓地，人间到处有青山。"

"欲见贤人而不以其道，犹欲其入而闭之门也。"想见高人，想获取真知，还高高在上，可能吗？圣贤之人凭什么传道给你？

蒋伯潜曰："国君要见贤人，而不用延见贤人之道，犹之乎要他进房屋里来，却把门关闭起来也。"他又说："义，是一条路；礼，是一扇门。只有君子能走这条路，进出这扇门。"（《新刊广解四书读本》）

> 万章曰："孔子，君命召，不俟驾而行。然则孔子非与？"
> 曰："孔子当仕有官职，而以其官召之也。"

"君命召，不俟驾而行"（《论语·乡党》），万章当然知道这段话，他想用孔子的故事来反问孟子：照您前面所说，孔子这么着急是孔子错了吗？

孟子说："当时孔子正在做官，有职务在身，国君用他担任的官职来召唤他。"可见，万章同学只知其一，不知其二。孔子所急，因其职责在身。

赵岐注："章指言：君子之志，志于行道，不得其礼，亦不苟往。于礼之可，伊尹三聘而后就汤；道之未洽，沮溺耦耕，接舆佯狂，岂可见也？"（《孟子章句》）

在滚滚红尘之中，一个人想安身立命真不是一件容易的事情；一个贤达之人，贵在有自由、独立之精神，脚下有义，心中存礼！

10.8 孟子谓万章曰："一乡之善士，斯友一乡之善士；一国之善士，斯友一国之善士；天下之善士，斯友天下之善士。以友天下之善士为未足，又尚论古之人。颂其诗，读其书，不知其人，可乎？是以论其世也。是尚友也。"

向善之心，人皆有之。

要和比你更善（优秀）的人交朋友。

物以类聚，人以群分。你变成什么样的人，你就会遇到什么样的人。你不向善，哪来的善友？

孟子告诉万章说："一个乡里的优秀人物和一个乡里的优秀人物交朋友。然后，以此类推，到一诸侯国，再到天下。"

朱熹注："言己之善盖于一乡，然后能尽友一乡之善士。推而至于一国天下皆然，随其高下以为广狭也。"（《四书章句集注》）

"尚"，上也。孟子说："如果和天下优秀的人交往还感觉不满足，便又向上追论古代的人物。但是只吟诵他们的诗歌，研读他们的著作，却不了解他们的为人，可以吗？所以还要了解他们所处的时代。这就是与古代贤达之人神交了。"

友乡、友国、友天下，这是就地理范围而言，自有向善之心，见贤思齐，得四海之善友而交之；上友古人，这是就时间而言，拥有一颗求学之心，上交尧、舜、孔、孟，哪来的寂寞孤独？

赵岐注："章指言：好高慕远，君子之道，虽各有伦，乐其崇茂，是以仲尼曰'毋友不如己者'。高山仰止，景行行止。"（《孟子章句》）

这几年来，大家一起从孔子开始，"颂其诗，读其书""论其世"，再到曾子、子思，现在是孟子，也可谓"尚友也"。

> 10.9　齐宣王问卿。孟子曰："王何卿之问也?"
> 　　　王曰："卿不同乎?"
> 　　　曰："不同。有贵戚之卿，有异姓之卿。"
> 　　　王曰："请问贵戚之卿。"
> 　　　曰："君有大过则谏，反覆之而不听，则易位。"
> 　　　王勃然变乎色。
> 　　　曰："王勿异也。王问臣，臣不敢不以正对。"
> 　　　王色定，然后请问异姓之卿。
> 　　　曰："君有过则谏，反覆之而不听，则去。"

为什么把这一章放在《万章》的最后?

因为君臣关系是最难处理的人际关系。今日可以将君臣关系看作上下级关系。过犹不及，分寸很难拿捏。

因为孟子为卿于齐，齐宣王便问孟子为卿之道。其实也是问孟子他和孟子之间的交际之道。

孟子反问："王所问的是哪一种公卿?"

齐宣王一定是吃了一惊，他说："公卿难道还不一样吗?"

孟子说："不一样。有和王室同宗族的公卿，有非同宗族的公卿。"

齐宣王说："请问和王室同宗族的公卿。"

孟子说："君王如果有重大失误，他便来劝谏；如果反复劝谏还不听从，就把君王废弃，改立别人。"

看孟子之言多有革命性？"王勃然变乎色。"齐宣王听到孟子这么回答，能不变脸色吗？"勃然"，变色的样子。再看孟子，可谓大义凛然。"王勿异也。王问臣，臣不敢不以正对。"大王呀，你不要大惊小怪。既然你真心问我，我不敢不给您说实话。良药苦口利于病，忠言逆耳利于行。

"王色定，然后请问异姓之卿。"几个字，把齐宣王的神态刻画得栩栩如生。

孟子说："异姓之卿，君王若有错误，便来劝谏，反复劝谏几次还不听，自己就离职了。"

"同姓之卿"，孟子用的是"君有大过"；"异姓之卿"，孟子用的是"君有过"。

焦循曰："贵戚必待大过方谏，余则有异姓卿在也。"（《孟子正义》）

《礼记·曲礼》云："为人臣之礼，不显谏；三谏而不听，则逃之。"

赵岐注："国须贤臣，必择忠良，亲近贵戚，或遭殃祸。伊发有莘，为殷兴道，故云成汤立贤无方也。"（《孟子章句》）《史记》云："乃为有莘氏媵臣，负鼎俎，以滋味说汤，致于王道。"焦循曰："按赵氏之意，谓以贵戚为卿，致于易位，是为祸殃。不若任贤以异姓为卿，三谏而去，无易位之祸也。引伊尹者，言异姓出自草莱，有益于国，良于亲近贵戚也。"（《孟子正义》）

看秦汉之后的注解，早已偏离了孟子之本意。孟子之言，意在君有君道，卿有卿责。君卿平等相处。无论是贵戚，还是异族，皆是为了使君王不偏离正道。然而，秦汉之后的注解，先要供上一个"法理"的君王，然后再论"利"还是"不利"。

自省吾身

自省吾身

告子上

11.1　告子曰：“性，犹杞（qǐ）柳也；义，犹桮棬（bēi quān）也。以人性为仁义，犹以杞柳为桮棬。”

先说告子其人。赵岐注：“告子者，告，姓也。子，男子之通称也。名不害，兼治儒、墨之道者，尝学于孟子，而不能纯彻性命之理。《论语》曰：‘子罕言命’，谓性命之难言也。以告子能执弟子之问，故以题篇。”（《孟子章句》）

告子究竟提了一个怎样的问题？

我们知道，春秋战国时期的中华文化可谓“百花齐放，百家争鸣”。其中，孟子言人性本善，荀子言人性本恶，告子则存疑。

孟子曰：“恻隐之心，人皆有之；羞恶之心，人皆有之；恭敬之心，人皆有之；是非之心，人皆有之。恻隐之心，仁也；羞恶之心，义也；恭敬之心，礼也；是非之心，智也。仁、义、礼、智，非由外铄我也，我固有之也，弗思耳矣。”（《孟子·告子上》）

荀子则说：“人之性恶，其善者伪也。”（《荀子·性恶》）。荀子又曰：“工人斫木而成器，器生于工人之伪，非故生于人之性也。圣人积思虑，习伪故，以生礼义而起法度。然则礼义法度者，是生于圣人之伪，非故生于人之性也。”“檃栝之生于枸木也，绳墨之起于不直也，立君上，明礼义，为性恶也。”（《荀子·性恶》）

“杞柳”，一种落叶灌木。“桮棬”，木制的器具。

蒋伯潜曰：“告子言人的性质，自然生成，犹如杞柳，也是自然生成的。而义，则有如桮棬，是人工制成的。若要以人性为仁义，有如把杞柳制成桮棬，非加人工不可。告子盖以'善'为由于'人为'，非天性本然，故有此喻。"（《新刊广解四书读本》）而孟子认为人性本善，仁义为人性所固有。可见，告子的论断和孟子不同。

> 孟子曰："子能顺杞柳之性而以为桮棬乎？将戕（qiāng）贼杞柳而后以为桮棬也？如将戕贼杞柳而以为桮棬，则亦将戕贼人以为仁义与？率天下之人而祸仁义者，必子之言夫！"

《春秋传》曰："戕舟发梁。子能顺完杞柳，不伤其性而成桮棬乎，将斧斤残贼之，乃可以为桮棬乎。言必残贼也。"（《孟子章句》）

孟子认为告子的比喻不恰当。孟子说："你能够顺着杞柳的本性制成桮棬吗？还是毁坏杞柳的本性然后才制成桮棬呢？"

砍一棵树做一组书架，书架做成了，那棵树还是树吗？

孟子接着说："如果要毁坏杞柳而制成桮棬，那么也要毁坏人的本性而成就仁义吗？率领天下人来损害仁义之道的，一定是你的这种言论。"

看孟子的告诫，毫不留情，可谓一针见血也。

赵岐注："章指言：养性长义，顺夫自然；残木为器，变而后成。告子道偏，见有不纯，内仁外义，违人之端。孟子拂之，不假以言也。"（《孟子章句》）

> 11.2 告子曰："性犹湍（tuān）水也，决诸东方则东流，决诸西方则西流。人性之无分于善不善也，犹

水之无分于东西也。"

　　孟子曰："水信无分于东西，无分于上下乎？人性之善也，犹水之就下也。人无有不善，水无有不下。今夫水，搏（bó）而跃之，可使过颡（sǎng）；激而行之，可使在山。是岂水之性哉？其势则然也。人之可使为不善，其性亦犹是也。"

本章告子又认为人性不分善恶。

告子说："人性好比湍急的流水，东方决口就向东流，西方决口就向西流。人性没有善和不善，正好比水流不分东西。"

孟子真擅长辩论！告子不是把人性比作水吗？好，我尊重你的比喻。孟子说："水没有东西流向，难道水也没有上下流向吗？"人人皆知水往低处流，这正像人人皆向善。"人无有不善，水无有不下。"

孟子接着说："当然，人拍水可以使水溅起来，高过人的额头；用戽斗抽水，可以把它引上山顶，但这难道是水的本性吗？是一时的情势使然。人也可以做不善之事，其性质好似'过颡''在山'之水。"

《孙子·兵势》云："激水之疾，至于漂石者，势也。"

赵岐注："章指言：人之欲善，犹水好下，迫势激跃，失其素真，是以守正性者为君子，随曲拂者为小人也。"（《孟子章句》）

"能体纯素，谓之真人。"（《庄子·刻意》）

"所谓真人者，性合于道也。"（《淮南子·精神训》）

"真人""合于道"，本善。

11.3　告子曰："生之谓性。"

孟子曰："生之谓性也，犹白之谓白与?"

曰："然。"

"白羽之白也，犹白雪之白；白雪之白，犹白玉之白与?"

曰："然。"

"然则犬之性，犹牛之性；牛之性，犹人之性与?"

前文告子说："性，犹杞柳也；义，犹桮棬也。以人性为仁义，犹以杞柳为桮棬。"又说："人性之无分于善不善也，犹水之无分于东西也。"

告子再说："生之谓性。"何为"生之谓性"?

赵岐注："凡物生同类者，皆同性。"（《孟子章句》）焦循曰："物生同类者，谓人与人同类，物与物同类。物之中则犬与犬同类，牛与牛同类。人与物不同类，则人与物之性不同。赵氏盖探孟子之旨而言之，非告子意也。"（《孟子正义》）焦循认为赵岐注解的是孟子的意思，而不是告子的意思。

孟子曰："生之谓性，好比白之谓白吗?""白之谓白"，白色的叫白色。

孟子再曰："白羽毛的白，如同白雪的白；白雪的白，如同白玉的白吗?"

孟子最后曰："那么狗的本性，如同牛的本性；牛的本性，如同人的本性吗?"

通过赵岐和焦循的注解，我们知道了孟子的意思。那么告子所说的

"生之谓性"究竟是什么意思?

南怀瑾说:"告子说:'生之谓性。'他的这一说法,对人性有了一个界限,他认为人在生下来的那一刹那,就确定了他的个性。这个理论要注意,他指称,人性是脱离娘胎时产生的,和佛家所说'明心见性'的'性',并不是一样的。佛家所问的是在妈妈未生我以前,我是什么?佛家的本性是在妈妈未生以前最初原始的那个本性,与告子这里所说母亲生下时所产生的本性,是两个不同的概念。"(《孟子与滕文公、告子》)

赵岐注:"章指言:物虽有性,性各殊异,惟人之性,与善俱生,赤子入井,以发其诚,告子一之,知其粗矣,孟子精之,是在其中。"(《孟子章句》)

"明心见性"是功夫,是境界。

11.4　告子曰:"食色,性也。仁,内也,非外也;义,外也,非内也。"

孟子曰:"何以谓仁内义外也?"

曰:"彼长而我长之,非有长于我也;犹彼白而我白之,从其白于外也,故谓之外也。"

《告子》第四章还是谈"性"。告子这句话说了两层意思:第一,饮食和男女,这是人的本性。第二,仁是内在的,不是外在的;义是外在的,不是内在的。

孟子反问,为什么说"仁内义外"?孟子没问"食色,性也"。没问是不是表示认同?

告子说："看到岁数大的人我就尊敬他，是因为他年长；这好比那个东西是白色的我才说它是白色的，是从它外表的白得出的，所以说是外在的。"

而告子以为"仁"在内，"义"在外。张居正说："告子徒知彼长彼白之在于外，而不知我长我白之本于心，徇外而遗内，则亦岂得为通论哉！"（《张居正讲评〈孟子〉》）

> 曰："异于白马之白也，无以异于白人之白也；不识长马之长也，无以异于长人之长与？且谓长者义乎？长之者义乎？"
>
> 曰："吾弟则爱之，秦人之弟则不爱也，是以我为悦者也，故谓之内。长楚人之长，亦长吾之长，是以长为悦者也，故谓之外也。"

孟子继续引导："白马的白和白人的白固然没有区别；不知道对老马的怜悯和对长者的尊敬，是否也没有区别呢？你觉得是年长者有义呢，还是对年长者尊敬的人有义呢？"

告子说："是我的弟弟我便爱他，是秦国人的弟弟我便不爱他，这是由我自己的内心决定的，所以说仁是内在的。尊敬楚国的长者，也尊敬我自己的长辈，这是因为他们都年长于我，所以说义是外在的。"

> 曰："耆（shì）秦人之炙，无以异于耆吾炙。夫物则亦有然者也，然则耆炙亦有外与？"

"耆"，同"嗜"，喜欢。"炙"，烤肉。孟子说："喜欢吃秦国人的烤肉，和喜欢吃我们自己烤的肉，没有什么不同。其他事也是这样的。然而，喜欢吃烤肉的心也是外在的吗？"

赵岐注："孟子曰：耆炙同等，情出于中。敬楚人之老，与敬己之老，亦同己情往敬之。虽非己炙，同美，故曰物则有然者也。如耆炙之意，岂在外邪。言楚、秦，喻远也。"

赵岐又注："章指言：事虽在外，行其事者皆发于中，明仁义由内，所以晓告子之惑也。"（《孟子章句》）

11.5　孟季子问公都子曰："何以谓义内也？"

曰："行吾敬，故谓之内也。"

曰："乡人长于伯兄一岁，则谁敬？"

曰："敬兄。"

"酌则谁先？"

曰："先酌乡人。"

"所敬在此，所长在彼，果在外，非由内也。"

"孟季子"，孟子族弟。"公都子"，孟子门人。这一章孟季子和公都子讨论的仍然是义在内还是在外的问题。这个问题上一章孟子和告子已讨论，为什么还要再讨论一章呢？可见，这个问题非常重要。

孟季子问公都子说："为什么说义是内在的呢？"

公都子说："恭敬是从我内心发出的，所以说义是内在的东西。"

孟季子又问："本乡有一个人比你大哥大一岁，那你更尊敬谁？"

公都子回答："尊敬大哥。"

孟季子说："那么你会先给谁斟酒？"

公都子："先敬乡人。"

看来，两千多年前就已有先敬外人、再敬家人的礼节。

孟季子由此得出结论："你心里尊敬的是你大哥，却先向本乡长者敬酒，可见义果真是外在的东西，不是由内心发出的。"

其实，孟季子的这个逻辑是讲不通的。心中所敬和敬酒所敬本来就不是一回事。反过来说，正是因为内心尊敬大哥，视其为亲近之人，才最后向他敬酒。后敬恰是一种尊敬。

> 公都子不能答，以告孟子。
>
> 孟子曰："敬叔父乎？敬弟乎？彼将曰：'敬叔父。'曰：'弟为尸，则谁敬？'彼将曰：'敬弟。'子曰：'恶在其敬叔父也？'彼将曰：'在位故也。'子亦曰：'在位故也。'庸敬在兄，斯须之敬在乡人。"

可见，公都子只知其一，不知其二。他可能也听老师讲过"义内"，"行吾敬，故谓之内也"，但没有融会贯通。所以，对方多问几句，就"不能答"了。

"尸"，张居正注："凡祭祖考，立子弟为主以象神，叫做尸。"（《张居正讲评〈孟子〉》）孟子说："你可以问他：'尊敬叔父呢？还是尊敬弟弟呢？'他一定会说：'尊敬叔父。'你说：'弟弟作为受祭的尸，那么你尊敬谁呢？'他一定会说：'尊敬弟弟。'你说：'那你怎么说尊敬叔父呢？'他一定会说：'因为弟弟处在尸位。'你可以告诉他：'是地位的缘故。'平时尊敬兄长，饮酒时尊敬乡人。"

> 季子闻之曰："敬叔父则敬，敬弟则敬，果在外，非由内也。"
> 公都子曰："冬日则饮汤，夏日则饮水，然则饮食亦在外也？"

孟季子听了之后，说："尊敬叔父是尊敬，尊敬弟弟也是尊敬，可见义果真在外，而不是由内发出的。"

公都子说："冬日喝热水，夏日喝冷水，难道饮食也是外在的吗？"

焦循曰："汤水之异，犹叔父与弟之异，冬则欲其温，夏则欲其寒，是饮食从人所欲，非人从饮食为转移也。故饮汤饮水，外也；酌其时宜而饮者，中心也。敬叔父敬弟，外也；酌其所在而敬者，中心也。孟子言位，公都子言时，义之变通，时与位而已矣。"（《孟子正义》）

张居正说："夫告子、孟季子皆以义为在外，而孟子独辩其在内，反复譬喻亲切如此，盖知仁义之在内，则知人性之善，而皆可以为尧、舜矣，其开世觉民之功，岂不大哉！"（《张居正讲评〈孟子〉》）

> 11.6 公都子曰："告子曰：'性无善无不善也。'或曰：'性可以为善，可以为不善。是故文、武兴，则民好善；幽、厉兴，则民好暴。'或曰：'有性善，有性不善。是故以尧为君而有象，以瞽瞍为父而有舜，

以纣为兄之子且以为君，而有微子启、王子比干。'今日'性善'，然则彼皆非与？"

门人公都子对孟子的性善论还是有些质疑，他列举了当时三种代表性的言论，请教自己老师。

第一种说法是告子的。告子说："性无善无不善也。"

第二种说法，"本性可以使它善良，也可以使它不善良"。举例说明："周文王、周武王执政，老百姓便趋向善良；周幽王、周厉王执政，老百姓便趋向暴劣。"

第三种说法，"有些人本性善良，有些人本性不善良"。举例说明："即使有尧这样的圣人做君王，也有象这样不好的臣民；即使有瞽瞍这么差劲的父亲，却养出了舜这么好的儿子；即使有纣这样的侄儿做君王，却还有微子启、比干这样的贤良。"

公都子说："老师，如今您讲人本性善良，那他们的说法都错了吗？"

孟子曰："乃若其情，则可以为善矣，乃所谓善也。若夫为不善，非才之罪也。恻隐之心，人皆有之；羞恶之心，人皆有之；恭敬之心，人皆有之；是非之心，人皆有之。恻隐之心，仁也；羞恶之心，义也；恭敬之心，礼也；是非之心，智也。

赵岐注："若，顺也。性与情相为表里，性善胜情，情则从之。《孝经》云'此哀戚之情'，情从性也，能顺此情，使之善者，真所谓善也。

若随人而强作善者，非善者之善也。若为不善者，非所受天才之罪，物动之故也。"（《孟子章句》）

朱熹注："才，犹材质，人之能也。人有是性，则有是才，性既善则才亦善。人之为不善，乃物欲陷溺而然，非其才之罪也。"（《四书章句集注》）

孟子说："从人的资质来说，是可以为善的，这就是我所说的性善。至于有些人做不善的事，那不是他本身资质的罪过。"

> "仁、义、礼、智，非由外铄（shuò）我也，我固有之也，弗思耳矣。故曰：'求则得之，舍则失之。'或相倍蓰（xǐ）而无算者，不能尽其才者也。

"铄"，熔化金属。"外铄"，铄金而外注。"仁、义、礼、智""我固有之也"，是我本身所具有的。"弗思耳矣"，只是我们自己不深入思考罢了。

"求之则得，舍则失之。"欲仁得仁，欲义得义。所以说，人人可以成尧、舜，人人也可以成纣、桀。

"或相倍蓰而无算者，不能尽其才者也"，人与人之间在善恶问题上有相差数倍乃至无数倍的，都是因为人与人在发挥资质上有所差别。

> "《诗》曰：'天生蒸（zhēng）民，有物有则。民之秉彝，好是懿德。'孔子曰：'为此诗者，其知道乎！故有物必有则，民之秉彝也，故好是懿德。'"

《诗经·大雅·烝民》曰:"天生众民,也必有法则,人民掌握了这个法则的常规,喜欢美好的品德。"孔子说:"作这首诗的人,真是懂得大道了!""故有物必有则,民之秉彝也,故好是懿德。"重要的话,孟子又重复一遍。孟子再次引用《诗经》的诗句来佐证他的"性善论"。

朱熹注:"有物必有法:如有耳目,则有聪明之德;有父子,则有慈孝之心,是民所秉执之常性也,故人之情无不好此懿德者。以此观之,则人性之善可见,而公都子所问之三说,皆不辩而自明矣。"(《四书章句集注》)

赵岐注:"章指言:天之生人,皆有善性,引而趋之,善恶异衢,高下相悬,贤愚舛殊,寻其本者,乃能一诸。"(《孟子章句》)

11.7　孟子曰:"富岁,子弟多赖;凶岁,子弟多暴,非天之降才尔殊也,其所以陷溺其心者然也。今夫麰(móu)麦,播种而耰(yōu)之,其地同,树之时又同,浡然而生,至于日至之时,皆熟矣。虽有不同,则地有肥硗(qiāo),雨露之养、人事之不齐也。

孟子说:"富足年代,成长起来的子弟多半懒惰;灾难年代,成长起来的子弟多半横暴。"孟子说的是不是事实?我们回想一下,为什么富不过三代?因为后代们缺少第一代勤劳致富的创业精神。为什么兵荒马乱的年代易出土匪强盗?孟子说:"不是这些子弟天生的资质不同,而是外部的环境使他们的心陷溺于不良的状态中。"

"麰麦",大麦。"耰",覆种。"硗",瘠薄。孟子又举植物生长的例子。他说："比如大麦，播下种子，耙了地，如果土地是一样的，播种的时间也相同，大麦便蓬勃生长，到了成熟之日，都会成熟。即使麦田的长势有所不同，也是由于地块土质的肥瘦、雨露的多少、人工耕作的粗细不同造成的。"

> "故凡同类者，举相似也，何独至于人而疑之？圣人与我同类者。故龙子曰：'不知足而为屦，我知其不为蒉（kuì）也。'屦之相似，天下之足同也。

孟子接着说："所以一切同类事物，无不大体相似，为什么一讲到人类我们就怀疑呢？圣人，和我们是同类。所以龙子说：'不看脚的形状就去编草鞋，我知道其编不成筐子。'草鞋的相似，是因为天下之足形大体是相同的。"

"圣人与我同类者。"圣人也是人，我也是人，人人皆可成尧、舜。"出乎其类，拔乎其萃"（《孟子·公孙丑上》），每个人都可以出类拔萃。

> "口之于味，有同耆也。易牙先得我口之所耆者也。如使口之于味也，其性与人殊，若犬马之与我不同类也，则天下何耆皆从易牙之于味也？至于味，天下期于易牙，是天下之口相似也。惟耳亦然。至于声，天下期于师旷，是天下之耳相似也。惟目亦然。至于子都，天下莫不知其姣也。不知子都之姣者，无目者也。

> 故曰：口之于味也，有同耆焉；耳之于声也，有同听
> 焉；目之于色也，有同美焉。至于心，独无所同然乎？
> 心之所同然者何也？谓理也，义也。圣人先得我心之
> 所同然耳。故理义之悦我心，犹刍豢（chú huàn）之
> 悦我口。"

"易牙"，春秋时期齐桓公的厨师。"师旷"，古代著名乐师。"子都"乃"古之美人也"。

赵岐注："人口之所耆者相似，故皆以易牙为知味，言口之同也。"又注："耳亦犹口也。天下皆以师旷为知声之微妙也。"（《孟子章句》）

从大麦到草鞋，从口、耳、目，再到心，孟子一路讲下来，说："至于心，独无所同然乎？"至于谈到心，难道唯独它没有相同的地方吗？

那么，心的相同之处在哪里呢？是"理"，是"义"。圣人早就懂得了我们内心所认同的"理义"。所以，"理义"使我心喜悦，好比牛羊犬豕使我口愉快。

朱熹引程子注曰："'在物为理，处物为义，体用之谓也。孟子言人心无不悦理义者，但圣人则先知先觉乎此耳，非有以异于人也。'程子又曰：'理义之悦我心，犹刍豢之悦我口，此语亲切有味。须实体察得理义之悦心，真犹刍豢之悦口，始得。'"（《四书章句集注》）

"理义"犹一股清泉流入你心田之时，只有你自己觉知。

《易经·说卦》云："和顺于道德而理于义，穷理尽性，以至于命。"

许仁图说："'理义之悦我心，犹刍豢之悦我口'，形成宋儒理学的思想中心，戴震的《孟子字义疏证》三卷的上卷言'理'，言孟子专举

理义以明性善，曰：'古人言性，但以气禀言，未尝明言理义为性，盖不待言而可知也。'又曰：'孟子明人心之通于理义，与耳目鼻口之通于声色臭味，咸根诸性，非由后起。后儒见孟子言性，则曰理义，则曰仁义礼智，不得其说，遂于气禀之外增一理义之性，归之孟子矣。'"（《说孟子》）

> 11.8　孟子曰："牛山之木尝美矣，以其郊于大国也，斧斤伐之，可以为美乎？是其日夜之所息，雨露之所润，非无萌蘖（niè）之生焉，牛羊又从而牧之，是以若彼濯（zhuó）濯也。人见其濯濯也，以为未尝有材焉，此岂山之性也哉？

我以为《孟子》的这一章非常重要，孟子清楚地讲了他的养心之法。

他先举齐国郊外牛山树木光秃秃的案例。孟子说："牛山的林木原来是很茂盛的。因为它生长在大都市的郊外，（人们）用斧子去砍伐它，树木能存留吗？它的根部日日夜夜生长着，承受雨露的滋养，不是没有新的枝芽再长出来，但成群的牛羊又吃了它们，因而变成光秃秃的样子。人们看见牛山光秃秃的样子，还以为它从来没长过树木，这难道是牛山本来的样子吗？"

张居正说："人心本自有天理之良，而善端每戕于物欲之害，观之山水，则可知矣。"他又说："山能生木，而不能免于斧斤之伐，牛羊之牧，是以至于无材耳。知山木之害，在于斧斤牛羊，而不当归咎于山，

则人心之害，可以倒推矣。"（《张居正讲评〈孟子〉》）

> "虽存乎人者，岂无仁义之心哉？其所以放其良心者，亦犹斧斤之于木也，旦旦而伐之，可以为美乎？

孟子接着说："至于在人的身上，怎能没有仁义之心呢？其所以丧失了良心，就像斧头砍伐山林那样，天天砍伐它，还能够盛美吗？"

南怀瑾告诫青年们："嗜好打牌的人，天天打牌，消耗精神体力，几年打下来，终于有一天，突然倒在牌桌上死了，这就是'旦旦而伐之'的结果。"（《孟子与滕文公、告子》）

> "其日夜之所息，平旦之气，其好恶与人相近也者几希，则其旦昼之所为，有牿（gù）亡之矣。牿之反覆，则其夜气不足以存；夜气不足以存，则其违禽兽不远矣。人见其禽兽也，而以为未尝有才焉者，是岂人之情也哉？故苟得其养，无物不长；苟失其养，无物不消。

朱熹注："平旦之气，谓未与物接之时，清明之气也。好恶与人相近，言得人心之所同然也。几希，不多也。牿，械也。反复，展转也。言人之良心虽已放失，然其日夜之间，亦必有所生长。故平日未与物接，其气清明之际，良心犹必有发见者。但其发见至微，而旦昼所为之

386

不善，又已随而梏亡之，如山木既伐，犹有萌蘖，而牛羊又牧之也。昼之所为，既有以害其夜之所息，又不能胜其昼之所为，是以展转相害。至于夜气之生，日以浸薄，而不足以存其仁义之良心，则平旦之气亦不能清，而所好恶遂与人远矣。"（《四书章句集注》）

孟子说："这样反复消灭，他夜间生发出的善念自然不能留存下来；夜间发出的善念不能留存，便和禽兽差不多了。别人看见其禽兽的一面，便以为他不曾有过善良的本质。这难道也是这些人的本性吗？所以如果能得到滋养，没有什么东西会不生长；如果失去滋养，没有什么东西会不消亡。"

这便是孟子的"养心之道"。南怀瑾说："最重要的是这个'息'。所以孟子做工夫的体会，也告诉我们，不管植物、动物，生命的成长，就在'其日夜之所息'，真正的休息，就是放下一切不管。休就是放下，息就是一切平静下来，不管、不动，就是休息，这是做工夫最重要的。念佛的也好，参禅打坐的也好，修止观的也好，修道家的也好，修密宗的也好，大原则就是'息'，不到'息'的阶段，工夫就白做了。"他又说："'息'者心念静止，呼吸静止，才叫做'息'。不要以为这只是理论，这就是工夫，孟子做到了。他如果没有做到这步工夫，就说不出来。"（《孟子与滕文公、告子》）

"孔子曰：'操则存，舍则亡；出入无时，莫知其乡。'惟心之谓与？"

南怀瑾说："'操则存'，'操'就是修持，念念都在定慧中，把握住这个境界就成长；'舍则亡'，放弃了，散乱了，就完了。这个境界的修养工夫，要'出入无时'，不被时间拘束，也不受空间的限制，任何时间，任何环境，都在静定中，这是要看内心的修养，没有一个固定的方向。如空空洞洞，这空空洞洞就是一个方向，要'一切不管，放下就是'。孟子说，孔子这几句话，就是由养气到达养心的境界。"南怀瑾又说："儒、释、道三家，谈修养的学问，观念几乎完全相同，儒家主'存心养性'，佛家主'明心见性'，道家主'修心炼性'，实际上都是由'心'的修养，进入到'性'的境界，把心性分作两层来处理。"（《孟子与滕文公、告子》）

孟子把养心之法都告诉我们了，接下来，就看我们怎么去做了。

11.9 孟子曰："无或乎王之不智也。虽有天下易生之物也，一日暴之，十日寒之，未有能生者也。吾见亦罕矣。吾退而寒之者至矣。吾如有萌焉何哉！**

"或"，通"惑"，疑惑。"王"，指齐王。孟子说："齐王的不明智没有什么疑惑的。"孟子为什么会冒出这么一句话？大概是有人不解齐王为什么不明智。

孟子接着说："即使是天下最容易生长的东西，晒它一天，再冻它十天，它也是不能生长的。"万物只有在太阳的恒照之下，才能生长。热一天，冷十天，禾苗怎能生长？其实，孟子这么比喻，是想说下面的话："我见齐王的次数很少，我离开之后，那些阿谀奉承之人又来到王的身边。即使我使王萌发了一点善念，又能怎样呢！"

张居正说:"盖君心惟在所养,与君子处,则养之以善,而日进于高明。与小人居,则养之以恶,而日流于卑暗。"(《张居正讲评〈孟子〉》)

何止是"君心"?普罗大众之心不也一样吗?

我们听孟子说齐王的不智,重点在于启发自己。自己是否与善为友?是否也"三日打鱼,两日晒网"?

> "今夫弈之为数,小数也;不专心致志,则不得也。弈秋,通国之善弈者也。使弈秋诲两人弈,其一人专心致志,惟弈秋之为听。一人虽听之,一心以为有鸿鹄将至,思援弓缴(zhuó)而射之,虽与之俱学,弗若之矣。为是其智弗若与?曰:非然也。"

孟子讲完了齐王的不恒,接着用比喻的方法讲齐王的不专。

孟子说:"譬如下棋这种技术,是一种小艺,但不专心致志地学,是学不精的。弈秋是全国最擅长下棋的人,他教两人下棋,一个人专心致志,认真听奕秋的教诲,一个人虽然也在听,但心中却想着有天鹅将飞过来,准备拿起箭去射它。""虽与之俱学,弗若之矣",虽然和另一个人一起学习,上课不认真听讲,胡思乱想,成绩能比得上人家吗?"为是其智弗若与?"是因为智力不如人家吗?"曰:非然也。"不是的。孟子最后的总结,又回应了第一句:"无或乎王之不智也。"

朱熹注:"程子为讲官,言于上曰:'人主一日之闲,接贤士大夫之时多,亲宦官宫妾之时少;则可以涵养气质,而熏陶德性。'时不能用,识者恨之。范氏曰:'人君之心,惟在所养。君子养之以善则智,小人

389

养之以恶则愚。然贤人易疏，小人易亲，是以寡不能胜众，正不能胜邪。自古国家治日常少，而乱日常多，盖以此也。'"（《四书章句集注》）

一个人要想明智，就要倾听圣贤之言，省悟之后，还要持久修习，专心致志。除此之外，没有第三条道路可走！

> 11.10　孟子曰："鱼，我所欲也，熊掌亦我所欲也。二者不可得兼，舍鱼而取熊掌者也。

《孟子》的这一章选入了中学课本，"鱼与熊掌不可兼得"，家喻户晓的名言。

> "生亦我所欲也，义亦我所欲也。二者不可得兼，舍生而取义者也。生亦我所欲，所欲有甚于生者，故不为苟得也；死亦我所恶，所恶有甚于死者，故患有所不辟也。

这段话像座右铭。南怀瑾解："谁不想活下去？'生'，是人人的欲望，希望长生不老，五百年、一千年的活下去更好；但是'义'，也是人人所需要的，广义的，道理、真理，人格建立的真理，伦常建立的真理，都是'义'。到了这两样不能兼得的时候，宁可不要生命，不能损失人格，不能违背真理而生存在世界上。"他还告诫我们："'成仁取义'

是我们中国文化的中心点……像岳飞、文天祥，乃至于关公，这一代忠臣孝子，中国历史上人伦的文化，都是由这种精神一脉相传下来的。"（《孟子与滕文公、告子》）

"生亦我所欲，所欲有甚于生者，故不为苟得也；死亦我所恶，所恶有甚于死者，故患有所不辟也。""不为苟得""有所不辟"，大丈夫，顶天立地。在今天，这样的人，这样的场景，你还能在哪里看见？

> "如使人之所欲莫甚于生，则凡可以得生者，何不用也？使人之所恶莫甚于死者，则凡可以辟患者，何不为也？由是则生而有不用也，由是则可以辟患而有不为也。是故所欲有甚于生者，所恶有甚于死者，非独贤者有是心也，人皆有之，贤者能勿丧耳。

孟子接着说："如果人所喜欢的莫过于生命，那么凡是可以得到生命的方法，为什么不用呢？如果人所厌恶的莫过于死亡，那么凡是可以避免灾难的方法，为什么不用呢？有一些人，在生死关头，在灾患面前，本可以苟且偷生，本可以舍义避患，但他们不这样做。看来，有比生命更值得拥有的东西，也有比死亡更令人厌恶的东西。"孟子在此处强调："这种想法不仅贤德之人有，其实人人都有，只不过贤德之人能够保持而不丢失罢了。"

> "一箪食，一豆羹，得之则生，弗得则死。嘑（hū）尔而与之，行道之人弗受；蹴（cù）尔而与之，乞人

不屑也。万钟则不辩礼义而受之。万钟于我何加焉？为宫室之美、妻妾之奉、所识穷乏者得我与？乡为身死而不受，今为宫室之美为之；乡为身死而不受，今为妻妾之奉为之；乡为身死而不受，今为所识穷乏者得我而为之，是亦不可以已乎？此之谓失其本心。"

孟子说："一筐饭，一碗汤，得到便能活下去，得不到便死亡，吆喝着给他，就是饥饿的路人都不会接受；用脚踏过后再给予他，就是乞丐也不屑于要。"此处，孟子话锋一转："然而有的人，给他万钟的俸禄他不分辨礼义就接受了。"孟子在此处问："万钟的俸禄对我有什么好处呢？为了华丽的住宅？妻妾的侍奉？我所认识的贫穷之人对我的一点感激？过去宁肯死亡也不愿接受的，今日为了华丽的住宅、妻妾的侍奉、所认识的贫穷之人的感激就接受了，这些是不是可以罢手了？"孟子最后说："此之谓失其本心。"这就叫丧失了一个人的本心。

"本心"，与生俱来的本性，良心。存不存这颗"本心"，就是普通人和贤德人的区别所在。赵岐注："章指言：舍生取义，义之大者也。箪食万钟，用有轻重，纵彼纳此，盖违其本。凡人皆然，君子则否，所以殊也。"（《孟子章句》）

11.11　孟子曰："仁，人心也；义，人路也。舍其路而弗由，放其心而不知求，哀哉！人有鸡犬放，则知求之；有放心，而不知求。学问之道无他，求其放心而已矣。"

怀有仁心，践行义路，何惧之有？何忧之有？

放着正路不去走，本有仁心不知求，孟子认为这是一个人最大的悲哀。

他说："人们要是丢失了鸡和狗，知道去找回来。但是，善心丧失了，却不知道去找寻。学问之道没有什么，就是把那颗'丧失'的善心寻找回来。"

马上行动吧，"求其放心而已"。

11.12　孟子曰："今有无名之指，屈而不信，非疾痛害事也，如有能信之者，则不远秦、楚之路，为指之不若人也。指不若人，则知恶之；心不若人，则不知恶，此之谓不知类也。"

"信"，通"伸"。

孟子说："现在有个人的一个无名指弯曲而不能伸直，不痛也不误事，但是如果有人能使这个手指伸直，就是到秦国、楚国去求治他也不觉得遥远，为的是自己的手指不如别人。手指不如别人，就知道厌恶；心不如别人，却不知道厌恶，这就叫不知轻重之别。"

无名指弯曲，懂得治疗；人心坏了，却置之不理。

谁会公然承认自己的心不如别人？

赵岐注："心不若人，可恶之大者也。"（《孟子章句》）

11.13　孟子曰："拱把之桐梓，人苟欲生之，皆知所以养之者。至于身，而不知所以养之者，岂爱身不若桐梓哉？弗思甚也。"

赵岐注："拱，合两手也。把，以一手把之也。桐、梓，皆木名也，人皆知灌溉而养之，至于养身之道，当以仁义，而不知用，岂于身不若桐、梓哉，不思之甚者也。"（《孟子章句》）

"弗思甚也"，许多简单的道理，我们没有认真思考过。

上一章言我们只知疗指，却不懂养心；这一章言我们懂得植树，却不知养身。

11.14 孟子曰："人之于身也，兼所爱。兼所爱，则兼所养也。无尺寸之肤不爱焉，则无尺寸之肤不养也。所以考其善不善者，岂有他哉？于己取之而已矣。

本章孟子还在讲养身之道。

孟子说："人对于自己的身体，每个部分都要爱惜。每个部分都爱惜，则每个部分都要保养。没有一寸皮肤不爱惜，没有一寸皮肤不保养。所以考察他的养身之道是善还是不善，还有其他办法吗？"

朱熹注："人于一身，固当兼养，然欲考其所养之善否者，惟在反之于身，以审其轻重而已矣。……贱而小者，口腹也；贵而大者，心志也。"（《四书章句集注》）

"体有贵贱，有小大。无以小害大，无以贱害贵。养其小者为小人，养其大者为大人。

孟子说："一个人的身体有贵的部位，有贱的部位；有小的部位，也有大的部位。不要因为小的部位而损害大的部位，不要因为贱的部位而损害贵的部位。只知道保养小的部位的人是小人，只知道保养大的部位的人是大人。"

"无以小害大，无以贱害贵"，人身是一个整体，是一个系统。大小、贵贱无法分割。

"养其小者为小人，养其大者为大人。"小人只见小而不见大也。

赵岐注："务口腹者为小人，治心志者为大人。"（《孟子章句》）

> "今有场师，舍其梧槚（jiǎ），养其樲（èr）棘，则为贱场师焉。养其一指而失其肩背，而不知也，则为狼疾人也。饮食之人，则人贱之矣，为其养小以失大也。饮食之人无有失也，则口腹岂适为尺寸之肤哉？"

孟子说："现在有个园艺师，舍弃了梧桐、楸树，而培育酸枣、荆棘，那他是很低等的园艺师；如果为保养一根手指，而遗失了肩背，就是一个糊涂之人。"

赵岐注："谓医养人疾，治其一指，而不知其肩背之有疾，以至于害之，此为狼藉乱不知治疾之人也。"（《孟子章句》）

蒋伯潜曰："只知饮食专顾口腹的人，大家都看轻他，因为他养了小的而失了大的也。如果养小而不失大，喜欢饮食的人，于心脑的修养并不忘记，那么口腹本来也是重要的，岂但是尺寸之肤而已。"（《新刊广解四书读本》）

焦循曰："饮食之人，不以嗟来为耻，故其往食也，人贱之。存仁义而往，如大烹以养圣贤，则不家食吉，利有攸往矣。谓其往因行仁义，非因贪口腹，故不为尺寸之肤。"（《孟子正义》）

赵岐注："章指言：养其行，治其正，俱用智力，善恶相厉，是以君子居处思义，饮食思礼也。"（《孟子章句》）

南怀瑾说："孟子上面说到放心，就是养心，是修心养性的道理，在佛家来说，也就是修行了。修行第一步先要治心，去掉心上的染污；第二步就是养形，这里孟子是说养身，孟子的养身方法，就是佛家的养气法门，前面孟子也说过：'养吾浩然之气。'这里是讲养身的重要。"他又说："养生、修身的重要，我们一般人，理论上都懂，事实上做不到，也是我经常讲的：'看得破，忍不过；想得到，做不来。'人都犯这个毛病。"（《孟子与滕文公、告子》）

反省一下，我们是如何养身的？

11.15 公都子问曰："钧是人也，或为大人，或为小人，何也？"

孟子曰："从其大体为大人，从其小体为小人。"

孟子的弟子公都子问老师："同样是人，为什么有的人成为大人，有的人成为小人，这是什么原因？"

公都子的问题很重要。我们想想自己，想想自己的小学、中学同学，从同一个学校毕业，同上一堂课，为什么几十年下来大家各不相同？

"从"，随也。"大体，心也。小体，耳目之类也。"（《四书章句集注》）

用心做事，事事皆能有始有终。

> **曰："钧是人也，或从其大体，或从其小体，何也?"**
> **曰："耳目之官不思，而蔽于物，物交物，则引之而已矣。心之官则思，思则得之，不思则不得也。此天之所与我者，先立乎其大者，则其小者弗能夺也。此为大人而已矣。"**

公都子的问题层层深入。他说："同样是人，为什么有的人能随自己的心志做事，有的人却只能依耳目感官做事?"

你问过自己这样的问题吗? 你这一生是"从其大体"，还是"从其小体"?

孟子说："人的耳目是不会思考的，也容易被外物所遮蔽。耳目一和外来之物相接触，自然就被吸引了。"

你是否真正思考过你每天的所见所闻?

孟子接着说："心这种器官的功能就是思考。思考了就能得到其理，不思考就不能得到其理。"

戴震曰："人之才，得天地之全能，通天地之全德，其见于思乎! 思诚，则立乎其大矣。"他又曰："人皆有天德之知，根于心，自诚明也。思中正而达天德，则不蔽，不蔽则莫能引之以入于邪，自明诚也。"（《孟子字义疏证》）

"此天之所与我者"，这是上天给予我的。

"先立乎其大者，则其小者弗能夺也。此为大人而已矣。"先把心中的大志树立起来，则不重要的部分就不能与之抗衡了，这样的人就是"大人"。一个人若心中真有大志，怎么可能迷惑于耳目口腹之欲？

"耳目鼻口形，能各有接而不相能也，夫是之谓天官。心居中虚，以治五官，夫是之谓天君。"（《荀子·天论》）

朱熹注："范浚《心箴》曰：'茫茫堪舆，俯仰无垠。人于其间，眇然有身。是身之微，大仓稊米，参为三才，曰惟心耳。往古来今，孰无此心？心为形役，乃兽乃禽。惟口耳目，手足动静，投间抵隙，为厥心病。一心之微，众欲攻之，其与存者，呜呼几希！君子存诚，克念克敬，天君泰然，百体从令。'"（《四书章句集注》）

王船山提醒我们："一部《孟子》，如'钧是人也'一章，深切著明，示人以从入处者极少。读者于此不精审体验，则似不曾读《孟子》。"（《船山遗书》）

11.16　孟子曰："有天爵者，有人爵者。仁、义、忠、信，乐善不倦，此天爵也；公、卿、大夫，此人爵也。

"爵"，爵位。"天爵"，上天封的爵位。"人爵"，人赐的爵位。

孟子说："爵位有两种，一种是天爵，一种是人爵。仁、义、忠、信，乐于行善而不知疲倦，这是天封的爵位，公、卿、大夫，这是人赐的爵位。"

张居正曰："如何谓之天爵，心之慈爱为仁，裁制为义，不欺为忠，无妄为信，备此四德于身，而爱乐之有常，欣慕之无厌，这是维皇降衷之理，天然固有之良，虽大行不可得加，穷居不可得损者，乃所谓天爵也。"他又曰："如何又谓之人爵，九命而为公，六命而为卿，三命而为大夫，列此爵命于朝，而得之者贵，失之者贱，这是人主驭世之权，朝廷命官之典，人可得而予之，亦可得而夺之者，乃所谓人爵也。"（《张居正讲评〈孟子〉》）

> **"古之人修其天爵，而人爵从之。今之人修其天爵，以要人爵；即得人爵，而弃其天爵，则惑之甚者也，终亦必亡而已矣。"**

孟子言"古之人"，即过去之人。

孟子说："过去的人修养他们天赐的爵位，即修行'仁、义、忠、信，乐善不倦'，而人赐的爵位也就跟着得到了。可是现在的人修天爵，是为了谋求人赐的爵位。一旦得到人爵，就抛弃了天爵，这实在是糊涂极了，最终也必然失去人赐的爵位。"德不配位，必然翻船。

毓老师说："天爵，就是德；修天爵，即修天德。……今人'修其天爵以要人爵'，'天爵'是手段，作为追求'人爵'的工具，所以不是真的'天爵'，当然就不在乎德不德了！更甚的是，'既德人爵，而弃其天爵'，得到功名利禄后，就丢掉自己的德行，糊涂到了极点。"他又说："'修其天爵，而人爵从之'，以修德为先，人必如此做，才有成就。读历史，自此认识做人之道。看《二十六史》所留下的，必是有德之人。在德不在位，德高过于官位，天下乃有德者居之。官大，不一定有成就。想有成就，失德绝对办不到。试看近代史，又留下多少人？修德

399

为本，本立而道生。"（《毓老师说孟子》）

这是孟子对德不配位者的批判！

今天孟子的言论过时了吗？

> **11.17** 孟子曰："欲贵者，人之同心也。人人有贵于己者，弗思耳。

爵位使人尊贵。孟子说："希望尊贵，这是人们共同的心理。"这本无可厚非。他说："人人有自己最尊贵的东西，只是没有认真思考而已。"

> "人之所贵者，非良贵也。赵孟之所贵，赵孟能贱之。

"别人所能给予你的尊贵，并不是最尊贵的。"

"赵孟"，晋国的世卿。孟子举例强调："赵孟所尊贵的，赵孟也能使之卑贱。"

这句话今天常常被人提起，只是没有引起人们广泛的深思。

毓老师说："赵孟能贵你也能贱你，人所给予的贵不是'良贵'。知此，复何求？不如'从吾所好'，可能还有点成就。"（《毓老师说孟子》）

> "《诗》云：'既醉以酒，既饱以德。'言饱乎仁义也，所以不愿人之膏粱之味也；令闻广誉施于身，所以不愿人之文绣也。"

　　孟子引用《诗经》，接着说："（这句诗）说仁义已使我饱足了，就不羡慕别人的美食了；好的名声誉满我身，就不羡慕别人的锦绣衣裳了。"

　　张居正说："此章言势分之贵，无与于己，性分之贵，不资于人，欲人重内而轻外，不可徇物而忘我也。"（《张居正讲评〈孟子〉》）

　　焦循曰："所贵在身，人不知求。膏梁文绣，己之所优，赵孟所贵，何能比之？是以君子贫而乐也。"（《孟子正义》）

　　毓老师说："人自身所具有可贵之处，不以人爵而尊贵，是谓'良贵'，即良知良能。知识分子如为追逐一时的名利，寡廉鲜耻，出卖良知，岂不是作践自己！"（《毓老师说孟子》）

　　11. 18　孟子曰："仁之胜不仁也，犹水胜火。今之为仁者，犹以一杯水，救一车薪之火也；不熄，则谓之水不胜火，此又与于不仁之甚者也。亦终必亡而已矣。"

　　孟子说："仁可以胜过不仁，犹如水可以扑灭火。"这是孟子的判断。

　　水能浇灭火。人之妄欲，常常被形容成熊熊烈火。

　　"为仁者"，一种理解是指自己，自己的仁心不足，希望通过不断修行，成为一个仁者；另一种理解是自认为是仁者的人，希望通过自己的影响，使别人也为仁。

　　孟子举了"杯水车薪"的例子，他说："现今的为仁者，好像用一

401

杯水，去救一车木柴点燃的火。水浇不灭火，就说水不能胜火，这种言论助长了行不仁的人。最终连自己的那一点点仁心也消失了。"

焦循曰："为仁不至，不反诸己，谓水胜火，熄而后已。不仁之甚，终必亡矣。为道不卒，无益于贤也。"（《孟子正义》）

现代中国人要对中华文化有足够的信心，这些传统文化不优秀就不会传承几千年了。我们要做的，不外乎两件事：一是要反求诸己，实事求是地反省，我们自己究竟做得如何？离一个真正的仁者还有多远的距离？二是要脚踏实地，一步一个脚印，践行"仁""义""礼""智""信"。文化学习是实实在在的事情，你自己都没做好，想让别人学你，那是不可能的。最后，连自己原有的那点累积也丧失了。孟子说的就是这个道理，两千多年未变。一个人的学习是这样的，一个组织、一个企业的管理也是这样的。

11.19　孟子曰："五谷者，种之美者也；苟为不熟，不如荑稗（tí bài）。夫仁，亦在乎熟之而已矣。"

"五谷"，稻、黍、稷、麦、菽。"荑稗"，一种草，似谷，其果实可食。过去灾年，老百姓没有粮食吃，常到野外找这种草的果实充饥。现在老百姓饮食无忧了，不仅忘了荑稗可充饥，连分清五谷都成了困难的事情。

孟子说："五谷，是庄稼中最好的品种；假如不能成熟，还不如稊和稗。那仁，也在于使它成熟而已。"

五谷不熟，"不如荑稗"。伪君子还不如真小人。

张居正说："为仁者，亦在乎省察于念虑，已精而益求其精，体验于躬行，已密而益求其密，由期月之能守，以至于终食之不违，必使天理浑全，德性常用，亦如五谷之苗而秀，秀而实焉斯已矣。不然，是自丧其心德之美，而与五谷之不熟者等耳。"（《张居正讲评〈孟子〉》）

毓老师说："行仁，必修至'熟'的境界，才能够'普福利，广美利'。如是假慈悲，那还不如不做。不论是做人或是做学问，都要彻底。"他又说："济世之仁，烂熟于胸，技精艺良，才可以救人济世。"（《毓老师说孟子》）

赵岐注："章指言：功毁几成，人在慎终，五谷不熟，荑稗是胜，是以为仁，必其成也。"（《孟子章句》）中华文化讲"慎终如始"，就是这个道理。

"夫仁，亦在乎熟之而已矣。""熟"字意味深长！苗之秀，那是生长；果之实，才是成熟！

11.20　孟子曰："羿之教人射，必志于彀（gòu）；学者亦必志于彀。大匠诲人，必以规矩；学者亦必以规矩。"

"羿"，古代善射者。"彀"，拉满弓。

孟子说："羿教人学射，一定是教人要专注于拉满弓；学习的人必须努力拉满弓。大匠教人技艺，必定要依据规矩；学习的人也必定要依据规矩。"

"志"，"志"＝"心"＋"士"。"志"，心之所主。教学射法，名为射箭，志在拉弓。路要一步一步走，饭要一口一口吃。

没有规矩，不成方圆。都想走捷径，捷径拥堵，也能挤死人。"虽有巧手，弗修规矩，不能正方圆。"（《春秋繁露·楚庄王》）

《孟子·离娄上》曰："规矩，方圆之至也；圣人，人伦之至也。"学做人，先要懂规矩。当下的每件事，都蕴涵着规矩。顺之，则自然；不顺，则艰难。循规蹈矩本来并不是贬义词。但是，如果你守的规矩尽是些旧准则，不知变通，就是墨守成规了。

朱熹注："此章言事必有法，然后可成，师舍是则无以教，弟子舍是则无以学。曲艺且然，况圣人之道乎？"（《四书章句集注》）

张居正说："曲艺且然，则圣人之道可知已：是以尧、舜、禹相授受，不过曰精一执中，孔颜相授受，不过曰博文约礼，曰精一，曰博约，此圣学之毂率规矩也，学道者宜究心焉。"（《张居正讲评〈孟子〉》）

自省吾身

自省吾身

告子下

12.1　任人有问屋庐子曰："礼与食孰重?"

曰："礼重。"

"色与礼孰重?"

曰："礼重。"

曰："以礼食,则饥而死;不以礼食,则得食,必以礼乎? 亲迎,则不得妻;不亲迎,则得妻,必亲迎乎?"

屋庐子不能对,明日之邹以告孟子。

"任",国名。"屋庐子",孟子的弟子。

一个任国人问屋庐子:"礼和食哪个重要?"屋庐子回答:"礼重要。"这个任国人再问:"娶妻和礼哪个重要?"屋庐子回答:"礼重要。"

这个任国人为什么提出这样的问题呢? 因为告子说:"食色,性也。"屋庐子为什么不假思索就回答"礼重"呢? 因为孟子认为仁义礼智乃人之四端。

任国人又问:"按礼节去找吃的,便会饿死;不按礼节,就能有食物吃,那还一定要按着礼节行事吗? 按亲迎之礼,便得不到妻子;不按亲迎之礼,便可得到妻子,那一定要行亲迎之礼吗?"

屋庐子不能回答任国人的问题,第二天他便去了邹国,到他的老师那里找答案。

> 孟子曰："于答是也何有？不揣其本而齐其末，方寸之木可使高于岑楼。金重于羽者，岂谓一钩金与一舆羽之谓哉？取食之重者，与礼之轻者而比之，奚翅食重？取色之重者，与礼之轻者而比之，奚翅色重？往应之曰：'紾（zhěn）兄之臂而夺之食，则得食；不紾，则不得食，则将紾之乎？逾东家墙而搂其处子，则得妻；不搂，则不得妻，则将搂之乎？'"

看孟子如何教导学生。孟子说："回答这个问题有什么难度？"朱熹注："本，谓下。末，谓上。方寸之木至卑，喻食色。岑楼，楼之高锐似山者，至高，喻礼。若不取其下之平，而升寸木于岑楼之上，则寸木反高，岑楼反卑矣。……钩，带钩也。金木重而带钩小，故轻，喻礼有轻于食色者；羽本轻而一舆多，故重，喻食色有重于礼者。"（《四书章句集注》）

孟子说："如果不考虑底部而只比较顶端，那一寸厚的木头放在高处，看似比岑楼还要高。金子重于羽毛，但是一钩金子能比一车羽毛重吗？拿吃的重的一面和礼的轻的一面相比，何止是吃更重要？拿娶妻的重的一面与礼的轻的一面相比，何止是娶妻更重要？"

孟子的意思是此事就不可比。"不揣其本"，为何要"齐其末"？

孟子最后把答案都告诉了屋庐子："你这样答复他吧：'扭转兄长的臂膀，把兄长手里的食物抢夺了，这样就可以得到食物；不这样做，就得不到，这样的话你会去扭吗？跳过东边邻居的墙抱住他家的少女，就可以得到妻子；如果不这样做就得不到妻子，那么你会去强抱人家吗？'"蒋伯潜曰："夺食而紾兄臂，逾墙而搂处子，背礼极矣。故以与

得食得妻较，礼就重得多了。"（《新刊广解四书读本》）

面对事物，贵在通礼（理）、权变。许多事，无可无不可，随机应变也。一棵小树，根是本，枝是末。大风刮来，树枝被折断。但是，根能随着风动吗？

12.2　曹交问曰："人皆可以为尧、舜，有诸？"

孟子曰："然。"

"交闻文王十尺，汤九尺，今交九尺四寸以长，食粟而已，如何则可？"

"曹交"，曹国国君的弟弟。他问孟子说："人人都可以做尧、舜，这事可能吗？"

孟子说："可以"。

曹交再问："我听说文王身高十尺，汤身高九尺。现在我有九尺四寸高，只会吃喝而已，要怎么样才能成尧、舜呢？"孟子说："这有什么关系呢？只要去做就可以了。"

曰："奚有于是？亦为之而已矣。有人于此，力不能胜一匹雏，则为无力人矣；今日举百钧，则为有力人矣。然则举乌获之任，是亦为乌获而已矣。夫人岂以不胜为患哉？弗为耳。徐行后长者谓之弟，疾行先长者谓之不弟。夫徐行者，岂人所不能哉？所不为也。尧、舜之道，孝弟而已矣。子服尧之服，诵尧之言，行尧之行，是尧而已矣；子服桀之服，诵桀之言，行桀之行，是桀而已矣。"

"亦为之而已矣。"只要真心去做，没有什么是做不成的。

"乌获"，古时候的大力士。

孟子说："譬如有个人，他的力气不能拎起一只鸡雏，那他就是毫无力气之人；现在他说能举起百钧之重的东西，那他就是有力量的人了。如果他能举起和乌获这位大力士所举起的重量一样的东西，那他也就是和乌获一样的人了。人哪里需要担心不能胜任呢？只是不愿去做罢了。"

张居正说："人乃谓尧、舜之道，非我之材力所能负荷，往往以不胜任为患。岂知力之不胜，不足为患，患在志安于卑近，而无克念之诚。功狃于因循，而无勇往之力，可为而不为，斯乃圣狂之攸判耳。诚一为之，夫何不胜之足患哉！"（《张居正讲评〈孟子〉》）

"非不能，是不为也。"真作为，没有什么是做不成的。

孟子接着说："慢慢地走在长者的后面叫悌，急匆匆地走在长者的前面叫不悌。一个人慢行在长者之后，难道做不到吗？只是不愿去做罢了。"

孟子最后总结道："尧、舜之道，不过讲求孝悌而已。你穿和尧一样的衣服，说尧所说的话，做尧所做的事，你就是尧了；你穿和桀一样的衣服，说桀所说的话，做桀所做的事，你也就是桀了。""桀"，夏朝的最后一个君王，和商纣一样，都是残暴的君主。是做尧，还是做桀，完全在于自身的选择。

人人可以成尧、舜，不是说人人都可以做君王，而是人人可以"诵尧之言，行尧之行"。善言善行，做最好的自己。

曰："交得见于邹君，可以假馆，愿留而受业于门。"

曰："夫道，若大路然，岂难知哉？人病不求耳。子归而求之，有余师。"

听孟子这么一讲，曹交被打动了。曹交说："我去拜见邹国的君主，可以向他借一馆舍，希望留下来受业于您的门下。"曹交说这话是什么意思？你想向孟子学习，为什么要去找孟子所在国邹国的国君？好像生怕别人不知道你的哥哥是曹国的国君。拜师，贵在谦卑、真诚！你看孟子怎么回复他——

孟子说："那大道（理），就像大路，这有什么难以理解的？人们最大的问题是不去寻求罢了。你还是回曹国吧，老师多着呢。"

"子归而求之，有余师。"一个"归"字，禅意无穷。大道，从来都是平平常常的。

朱熹注："言道不难知，若归而求之事亲敬长之闲，则性分之内，万理皆备，随处发见，无不可师。"（《四书章句集注》）

赵岐注："章指言：天下大道，人并由之，病于不为，不患不能，是以曹交请学，孟子辞焉。盖《诗》三百，一言以蔽之。"（《孟子章句》）"蔽"，概括。焦循曰："或赵氏亦取一言断之义，以为道在于为而已。"（《孟子正义》）

人人皆可成尧、舜，取决于你"为"还是"不为"！

12.3　公孙丑问曰："高子曰：'《小弁（pán）》，小人之诗也。'"

孟子曰："何以言之？"

曰："怨。"

曰："固哉，高叟之为《诗》也！有人于此，越人关弓而射之，则己谈笑而道之；无他，疏之也。其兄关弓而射之，则己垂涕泣而道之；无他，戚之也。《小弁》之怨，亲亲也。亲亲，仁也。固矣夫，高叟之为《诗》也！"

公孙丑问道："高子说：'《诗经·小雅·小弁》，是小人作的诗。'"孟子说："为什么这样说呢？"公孙丑说："因为诗中有怨。"

孟子说："高子真固执，他怎能这样解读《诗》！譬如这里有个人，越国人弯弓去射他，你可以笑着讲述这件事情；不因为别的，因为疏远也。假如越国人弯弓射的是你的兄弟，你就会流着眼泪诉说；不因为别的，因为他是你的亲戚。《小弁》的怨恨，正是因热爱亲人而起。热爱亲人，仁也。高子解诗《诗》真是固执己见。"

曰："《凯风》何以不怨？"

曰："《凯风》，亲之过小者也；《小弁》，亲之过大者也。亲之过大而不怨，是愈疏也；亲之过小而怨，是不可矶也。愈疏，不孝也；不可矶，亦不孝也。孔子曰：'舜其至孝矣，五十而慕。'"

《凯风》是《诗经·国风》中的一篇。后面的内容不太重要，我就不详解了。

孟子解读《诗经》的方法，值得我们学习。

12.4　宋轻（kēng）将之楚，孟子遇于石丘，曰：
"先生将何之？"

曰："吾闻秦、楚构兵，我将见楚王说而罢之。
楚王不悦，我将见秦王说而罢之。二王我将有所
遇焉。"

曰："轲也请无问其详，愿闻其指。说之将何如？"

曰："我将言其不利也。"

"宋轻"，战国时期有名的说客，连孟子都称他为"先生"，可见他
的地位非同一般。

宋轻将要去楚国，他和孟子在石丘这个地方相遇了。孟子问："先
生要到哪里去？"宋轻说他听说秦国和楚国要发生战争，他打算去见楚
王，劝其罢战。楚王如不听劝谏，他就去见秦王，劝他退兵。宋轻认
为，这两个国君总有一个会听从他的意见。

孟子问宋轻打算如何劝谏。宋轻说："我将告知他们战争的不利。"

曰："先生之志则大矣，先生之号则不可。先生
以利说秦、楚之王，秦、楚之王悦于利，以罢三军之
师，是三军之士乐罢而悦于利也。为人臣者怀利以事
其君，为人子者怀利以事其父，为人弟者怀利以事其
兄，是君臣、父子、兄弟终去仁义，怀利以相接，然

而不亡者，未之有也。先生以仁义说秦、楚之王，秦、楚之王悦于仁义，而罢三军之师，是三军之士乐罢而悦于仁义也。为人臣者怀仁义以事其君，为人子者怀仁义以事其父，为人弟者怀仁义以事其兄，是君臣、父子、兄弟去利，怀仁义以相接也，然而不王者，未之有也。何必曰利？"

孟子说："我赞赏先生的大志，但您的主张我认为行不通。"接下来，就是孟子爱提的"利义之辨"。是言利，还是仁义？这在《孟子》一开篇，孟子见梁惠王时就讨论过。此处，是旧调重弹了。

王船山曰："杀人之祸，其始正缘于利；言利之弊，其祸必至于杀人。宋轻以利说罢兵，乃是抱薪救火。"（《船山遗书》）

赵岐注："章指言：上之所欲，下以为俗。俗化于善，久而致平；俗化于恶，失而致倾。是以君子创业，慎其所以为名也。"（《孟子章句》）"《文子·精诚篇》云：'见其俗而知其化。'《荀子·正名篇》云：'王者之制名，名定而实辨，道行而志通，则慎率民而一焉。'"（《孟子正义》）

12.5　孟子居邹，季任为任处守，以币交，受之而不报。处于平陆，储子为相，以币交，受之而不报。他日由邹之任，见季子；由平陆之齐，不见储子。屋庐子喜曰："连得间矣。"

为政者都要有尊贤之心。这个尊贤之心，是真诚还是虚假，都反映在一定的礼仪和行动之中。

从这一章可以看出，孟子的地位还是很高的。孟子在邹国住的时候，季任替他的哥哥任君留守任国，季任叫人拿币帛送给孟子，以便结交，孟子接受了礼物，但当时并没有回谢季任。

无独有偶，孟子住在平陆的时候，储子做了齐国的宰相。储子派人拿币帛送给孟子，以便和孟子结交，孟子也接受了礼物却没有回谢。

接下来，差异就有了。过了些时候，孟子由邹国到任国，拜访了季任；由平陆到齐国，却没去拜访储子。

他的学生屋庐子窃喜，以为抓住了孟子做人的漏洞，为什么同样接受了礼物，却不能一视同仁地回谢？

这一"喜"字，很有味道。从中可见，孟子要想成为圣贤真还不易，众目睽睽之下，一有闪失，就会被人发现；弟子们听其言、观其行，以发现老师的过失为喜。

问曰："夫子之任见季子，之齐不见储子，为其为相与？"

曰："非也。《书》曰：'享多仪，仪不及物曰不享，惟不役志于享。'为其不成享也。"

孟子说："不是你理解的那样。"他引用《尚书·周书·洛诰》的名言来佐证："给人礼物应以礼仪为重，如果礼仪不及礼品，还不如不送礼，因为送礼的人的心意没有真正用在这个上面。"

孟子想表达什么？季任没有亲自来邹国送礼，是身不由己；而储子

417

没有亲自来送礼，是心意不诚。

> 屋庐子悦。或问之，屋庐子曰："季子不得之邹，储子得之平陆。"

张居正说："当时季子为君居守托国政于其身。若自任之邹，必出境而远涉，越国见贤国谁与守，其不得之邹者，乃势之所不能，非心之所不欲也。若储子则异乎是，其官则齐相也，主治于人，既无职守之责，况平陆及齐邑也，相去甚近，又无越国之劳，可来而不来，可以见而不见，是其不之平陆，乃心之所不欲，非势之所不能也。"（《张居正讲评〈孟子〉》）"季子不得之邹，储子得之平陆"，所以孟子区别对待。

屋庐子前面"喜"，听老师一讲，觉得有道理，"悦"。心悦则诚服也。

> 12.6　淳于髡（kūn）曰："先（xiàn）名实者，为（wèi）人也；后名实者，自为也。夫子在三卿之中，名实未加于上下而去之，仁者固如此乎？"

"淳于髡"，齐国著名辩士。"名"，名誉，声誉。"实"，事功。赵岐注："名者，有道德之名也；实者，治国惠民之功实也。"（《孟子章句》）他见孟子仕齐无功，辞官而去，便向孟子提出了一个具有挑战性的问题，他先提出了两种名实观。

南怀瑾解："有些人并不一定好名，并不一定想先使自己知名度提高，但实际上，一定要先有知名度，才会有实际的事业可做。名和实两件事，有了名就有实，所以有些人，爱惜自己的名比生命还更重要，目的不是为自己，因为名誉好，然后才有权力，才可以为社会国家做事，目的还是为别人。有些人对名不重视，做官也没有兴趣，发财也不要，只管自己有道德，表示我有我的真理，我有我的人格，你用官位、钞票诱惑不了我。这些人把名实放在后面，只是为他个人自己，还是很自私自利。"（《孟子与滕文公、告子》）

淳于髡话锋一转："您在齐国也贵为三卿之一，上无辅佐君王的名誉，下无造福百姓的事功，您就辞职离开齐国了，一个仁者会这样选择吗？"

孟子曰："居下位，不以贤事不肖者，伯夷也；五就汤，五就桀者，伊尹也；不恶污君，不辞小官者，柳下惠也。三子者不同道，其趋一也。一者何也？曰：仁也。君子亦仁而已矣，何必同？"

曰："鲁缪公之时，公仪子为政，子柳、子思为臣，鲁之削也滋甚。若是乎，贤者之无益于国也！"

曰："虞不用百里奚而亡，秦缪公用之而霸。不用贤则亡，削何可得与？"

曰："昔者王豹处于淇，而河西善讴；绵驹处于高唐，而齐右善歌；华周、杞梁之妻善哭其夫，而变国俗。有诸内，必形诸外。为其事而无其功者，髡未尝睹之也。是故无贤者也，有则髡必识之。"

看看孟子是怎么想的？孟子说："宁愿处于下位，也不用自己的贤才去事奉不肖的君王，是伯夷；五次归附商汤，又五次归附夏桀，是伊尹；不讨厌恶劣的君主，也不拒绝卑微的小官，是柳下惠。这三个人的做法虽然不相同，但价值趋向是一致的。那个一是什么？就是仁。君子所追求的是仁，为什么要求每个人的所作所为相同呢？"

淳于髡再辩："鲁缪（穆）公在位时，公仪子执掌朝政，子柳、子思作为大臣辅助，可鲁国的土地还是被人侵夺。这样看来，贤人无益于国家啊！"公仪子、子柳、子思都是当时的贤人。

孟子说："虞国不用百里奚就亡国了，秦缪（穆）公用了百里奚就称霸天下了。不用贤人就要灭亡，何止是削弱呢？"

淳于髡真是善于论辩，他说："过去王豹住在淇水旁，黄河西面的卫国人便都擅长唱歌；齐国还有一位住在高唐、很会吟诗的绵驹，齐国西边的人受他的影响都很会唱诗；华周和杞梁的妻子痛哭她们的丈夫，整个齐国的风俗都为之改变。""有诸内，必形诸外"，如果一个有才学之人，做了某事而没有收到功效，淳于髡表示他还从来没见过。他感叹："所以说现在没有贤人，如果有，我一定认识他。"

淳于髡这么说，把孟子也排除在外了。

曰："孔子为鲁司寇，不用，从而祭，燔（fán）肉不至，不税冕而行。不知者以为为肉也，其知者以为为无礼也，乃孔子则欲以微罪行，不欲为苟去。君子之所为，众人固不识也！"

孟子还能说什么？"君子之所为，众人固不识也！"君子这样行事，普通的人是不能理解的。孟子自比君子，也把淳于髡比作普通人。孟子举孔子的例子："孔子做鲁国的司寇，不被重用。一次跟着鲁君去祭祀，却没有分到祭肉，于是孔子连礼帽都顾不得脱下便离开了。不了解的人还以为孔子是为了祭肉，了解的人就知道孔子离去是因为鲁君无礼，其实孔子是想找个微小的错误离开，而不想随便离去。"

孟子为什么要离开齐国，大概他和孔子彼时的处境是相同的吧。

赵岐注："章指言：见几而作，不俟终日，孔子将行，冕不及税，庸人不识，课以功实，淳于虽辨，终亦屈服，正者胜也。"（《孟子章句》）

12.7　孟子曰："五霸者，三王之罪人也；今之诸侯，五霸之罪人也；今之大夫，今之诸侯之罪人也。

张居正说："五霸，是齐桓、晋文、秦穆、宋襄、楚庄。三王，是夏禹、商汤、周文武。孟子见世道浸衰，王降而霸，霸降而战国，其势将使先王纪纲法度，荡然无存者，故著其罪以警惕之。"（《张居正讲评〈孟子〉》）

孟子说："五霸，对三王来说是有罪之人；现在的诸侯，对五霸来说，是有罪之人；现在的大夫，对现在的诸侯来说，是有罪之人。"

孟子一言可谓骂尽了当时的诸侯，骂尽了当时的官员。

"天子适诸侯曰巡狩，诸侯朝于天子曰述职。春省耕而补不足，秋省敛而助不给。入其疆，土地辟，田野

治，养老尊贤，俊杰在位，则有庆，庆以地。入其疆，土地荒芜，遗老失贤，掊（póu）克在位，则有让。一不朝，则贬其爵；再不朝，则削其地；三不朝，则六师移之。是故天子讨而不伐，诸侯伐而不讨。五霸者，搂诸侯以伐诸侯者也，故曰：五霸者，三王之罪人也。五霸，桓公为盛。葵丘之会，诸侯束牲载书而不歃（shà）血。初命曰：'诛不孝，无易树子，无以妾为妻。'再命曰：'尊贤育才，以彰有德。'三命曰：'敬老慈幼，无忘宾旅。'四命曰：'士无世官，官事无摄，取士必得，无专杀大夫。'五命曰：'无曲防，无遏籴（dí），无有封而不告。'曰：'凡我同盟之人，既盟之后，言归于好。'今之诸侯，皆犯此五禁，故曰，今之诸侯，五霸之罪人也。长君之恶其罪小，逢君之恶其罪大。今之大夫，皆逢君之恶，故曰，今之大夫，今之诸侯之罪人也。"

孟子接着说："天子到诸侯国考察叫巡狩，诸侯朝见天子叫述职。春天要巡察百姓们的耕种情况并补助歉收的人，秋天要巡察百姓们的收成情况并补助种子不足的人。天子进入诸侯领地，见其土地被开垦，田野被耕植，老有所养，贤有所尊，有才能的人都有职位，这样就有奖励，奖励的是土地。如果进入诸侯领地，见土地荒芜，遗老失贤，而搜刮钱财的人都有职位，就加以惩罚。诸侯一次不来朝见，就降低他的爵位；两次不来朝见，就削减他的封地；三次不来朝见，就出动军队讨伐他。天子出兵叫讨而不叫伐，诸侯出兵叫伐而不叫讨。五霸，是挟持一部分诸侯去讨伐另一部分诸侯，所以说，五霸破坏了天子的权威，他们是三王的罪人。"

齐桓公认为，五霸之中，数齐桓公势力最强。他在葵丘盟会诸侯，签订盟约。盟约第一条说："诛杀不孝之人，不更换世子，不立妾为妻。"第二条说："尊敬贤人，培育人才，表彰有德之人。"第三条说："敬老慈幼，不忘款待远方的宾客。"第四条说："士的爵位不能世袭，官职不能兼任，录用士人要有真才，不得擅杀士人。"第五条说："不要到处筑堤，不要禁止邻国来采购粮食，不要有封赏而不报告盟主。"最后还说："凡我同盟之人，既盟之后，言归于好。"孟子说："观察今天的诸侯们，全都犯了上述五条禁令，所以说，今天的诸侯，对于五霸来说，都是有罪之人。助长君主的过错，这罪行还算小的；阿谀逢迎君主的过错，这罪就大了。现在的大夫，都是逢迎君主之恶。所以我认为，今天的大夫，对现在的诸侯来说，都是罪人。"

君王不仁，大夫不义。孟子借古讽今。

12.8　鲁欲使慎子为将军。孟子曰："不教民而用之，谓之殃民。殃民者，不容于尧、舜之世。一战胜齐，遂有南阳，然且不可。"

慎子勃然不悦曰："此则滑釐（xī）所不识也。"

"慎子"，名滑釐，鲁国善用兵者。鲁国计划提拔慎子为将军，欲和齐国交战，收复南阳。

孔子曰："以不教民战，是谓弃之。"（《论语·子路》）

赵岐注："不教民以仁义而用之战斗，是使民有殃祸也。尧、舜之世，皆行仁义，故好战殃民者，不能自容也。就使慎子能为鲁一战取齐南阳之地，且犹不可。"（《孟子章句》）

"勃然不悦"，看慎子的反应。他说："这是我滑釐所不了解的。"

> 曰："吾明告子。天子之地方千里；不千里，不足以待诸侯。诸侯之地方百里；不百里，不足以守宗庙之典籍。周公之封于鲁，为方百里也；地非不足，而俭于百里。太公之封于齐也，亦为方百里也；地非不足也，而俭于百里。今鲁方百里者五，子以为有王者作，则鲁在所损乎？在所益乎？徒取诸彼以与此，然且仁者不为，况于杀人以求之乎？君子之事君也，务引其君以当道，志于仁而已。"

"吾明告子"，我明明白白地告诉你吧。孟子说："天子的土地方圆千里，不到千里，便不足以接待诸侯；诸侯的土地方圆百里，不到百里，便不足以奉守宗庙里的典籍。"孟子又举周公被封于鲁，姜太公被封于齐，土地并没达到百里的例子，说明他们"节俭"的品德。

孟子话锋一转，对比今日的鲁国，土地已经足够大了，他说："如果再有圣主出现，那么鲁国的土地是会减少还是会增加呢？白白地取那国的土地给予这国，仁者尚且不干，况且是通过杀人而谋取土地呢？"孟子寥寥数语，就指出滑釐发动战争、攻城略地没有意义。

今天，"引其君以当道，志于仁"过时了吗？朱熹注："当道，谓事

合于理；志仁，谓心在于仁。"（《四书章句集注》）

子曰："苟志于仁矣，无恶也。"（《论语·里仁》）

毓老师说："真有志于仁，又怎会做缺德事？"（《毓老师说孟子》）

> 12.9　孟子曰："今之事君者皆曰：'我能为君辟土地，充府库。'今之所谓良臣，古之所谓民贼也！君不乡道，不志于仁，而求富之，是富桀也。'我能为君约与国，战必克。'

这一章是上一章内容的延续。上章言："君子之事君也，务引其君以当道，志于仁而已。"这章说的是小人如何事君。

孟子说："现在侍奉君主的人都说：'我能为君掠夺土地，聚敛财富。'"

> "今之所谓良臣，古之所谓民贼也！君不乡道，不志于仁，而求为之强战，是辅桀也。

孟子认为，今天被称为"良臣"的，在古时应称为"民贼"。为什么？因为今日的"良臣"，不是"引其君以当道，志于仁"的人，而是"能为君辟土地，充府库"的人。

辅佐夏桀这样的残暴之君，使之战无不胜，对于统治者来说，你是良臣，对于广大的老百姓来说，你难道不是民贼吗？"今之所谓良臣，古之所谓民贼"，重要的话强调了两遍。"君不乡道，不志于仁"，你还使他富，让他强，难道不是一个小人吗？

观古今中外，那些在历史上曾叱咤风云的人物，是"良臣"，还是"民贼"？大家好好想一想，哪一个才是我们真正的榜样？

> "由今之道，无变今之俗，虽与之天下，不能一朝居也。"

孟子最后说："沿着今天这条路，不改变今天的风俗，就是把整个天下给他，也不能有一天的太平。"

> 12.10　白圭曰："吾欲二十而取一，何如？"
> 　　孟子曰："子之道，貉（mò）道也。万室之国，一人陶，则可乎？"
> 　　曰："不可，器不足用也。"

"白圭"，周人，先秦商业经营思想家。在《史记·货殖列传》中，司马迁作传，第一位是范蠡，第二位是子贡，第三位就是白圭。

司马迁曰："白圭乐观时变，故人弃我取，人取我与。"故能以此致富。白圭"能薄饮食，忍嗜欲，节衣服，与用事僮仆同苦乐，趋时若猛兽挚鸟之发"。白圭曾曰："吾治生产，犹伊尹、吕尚之谋，孙吴用兵，商鞅行法是也。是故其智不足与权变，勇不足以决断，仁不能以取予，强不能有所守，虽欲学吾术，终不告之矣。"司马迁曰："盖天下言治生祖白圭。"（《史记·货殖列传》）白圭是天下人论说生财之道的祖师爷。

白圭说："我想将税率定为二十取一，怎么样呢？"

为什么白圭冷不丁冒出这样一句话呢？这可能与孟子一贯的言论有关。《孟子·公孙丑上》曰："市，廛而不征，法而不廛，则天下之商皆悦而愿藏于其市矣。"孟子主张少征税。《孟子·滕文公上》曰："夏后氏五十而贡，殷人七十而助，周人百亩而彻，其实皆什一也。"孟子说三代都实行以十征一的税收政策。

> 曰："夫貉，五谷不生，惟黍生之。无城郭、宫室、宗庙、祭祀之礼，无诸侯币帛饔飧（yōng sūn），无百官有司，故二十取一而足也。今居中国，去人伦，无君子，如之何其可也？陶以寡，且不可以为国，况无君子乎？欲轻之于尧、舜之道者，大貉、小貉也；欲重之于尧、舜之道者，大桀、小桀也。"

"貉"，北方夷狄之国。孟子话说得太狠。他全然不顾白圭这个巨富之人的身份。孟子说："你的这种税法，充其量只是貉国的夷狄之道。"过去认为夷狄是野蛮之地，是没有文化的领地。孟子问："假如有一万户人家的国家，只有一个制作陶器的工匠，你觉得可以吗？"白圭回答说："不可以。因为一个人制作的陶器不够用。"

孟子说："貉国这样的夷狄之国，五谷不生，只长点黍子。没有城郭、宫室、宗庙、祭祀的礼制，没有诸侯社交往来和应酬，也没有各级衙门和官吏，所以二十抽一就够了。"

孟子对比说："如今居住在中原，抛去人伦礼节，不要贤达，如果像貉国那样，可以吗？做陶器的人太少，尚且不能满足一个国家的需求，更何况没有各级办事的官吏呢？"孟子认为，在中原，需要一定的税收以维持现代社会秩序的良好运转。

不能过之，也不能不及。"尧、舜之道"便是中庸之道。

> 12.11 白圭曰："丹之治水也愈于禹。"
>
> 孟子曰："子过矣。禹之治水，水之道也。是故禹以四海为壑，今吾子以邻国为壑。水逆行，谓之洚（jiàng）水。洚水者，洪水也，仁人之所恶也。吾子过矣。"

白圭是个成功的商人，有钱了，便有些自大。白圭说："我治水胜过大禹。"

孟子连连说"子过矣""吾子过矣"。可见，孟子认为白圭不知天高地厚！

孟子说："禹治理水患，是顺着水的本性疏导的，所以禹使水流入四海。如今，你把水疏导到邻国的洼地里。水逆流而行，叫洚水。洚水就是洪水，这是有仁爱之心的人所厌恶的。"

朱熹注："水逆行者，下流壅塞，故水逆流，今乃壅水以害人，则与洪水之灾无异矣。"（《四书章句集注》）

焦循曰："水之道犹云水之路，谓水所行之路，而禹顺导之耳。"
"不使水归四海，而归邻国，则非水之道。"他又曰："禹治洪水，使不
为后世害。圭放洪水，使为邻国害，圭且为仁人所恶矣。"（《孟子正
义》）赵岐注："章指言：君子除害，普为人也。白圭壑邻，亦以狭矣。
是故贤者志其大者，远者也。"（《孟子章句》）

康有为说："以井蛙而观天，宜其所见之小也。今之所谓才臣，皆
白圭之流也。"（《孟子微》）

12.12　孟子曰："君子不亮，恶乎执？"

南怀瑾说："'君子不亮'的意思是，一个真聪明的人，并不认为自
己是聪明人，'恶乎执'，因此不固执成见。"（《孟子与滕文公、
告子》）

"亮"，通"谅"，诚信。君子不诚信，又如何保持节操？

12.13　鲁欲使乐正子为政。孟子曰："吾闻之，喜而不寐。"

公孙丑曰："乐正子强乎？"

曰："否。"

"有知虑乎？"

曰："否。"

"多闻识乎？"

曰："否。"

"然则奚为喜而不寐？"

曰："其为人也好善。"

鲁国打算叫乐正子主理国政。孟子说："我听到这一消息，高兴得觉都睡不着。"

孟子的另一个弟子公孙丑，从"强""知虑""闻识"几个维度问乐正子的特长，孟子皆说"否"。孟子指出乐正子的特点是"为人也好善"。

"好善足乎？"

曰："好善优于天下，而况鲁国乎？夫苟好善，则四海之内，皆将轻千里而来告之以善。夫苟不好善，则人将曰：'訑（yí）訑，予既已知之矣。'訑訑之声音颜色，距人于千里之外。士止于千里之外，则谗谄面谀之人至矣。与谗谄面谀之人居，国欲治，可得乎？"

公孙丑再问："好善就足以治理国家吗？"

孟子说："好善，治理天下都绰绰有余，更何况是治理一个鲁国呢！"孟子进一步分析说："假如好善，那么四海之内的人都会不远千里赶来告诉他善策。"

张居正说："盖善者，天下之公理，好善者，天下之公心也。苟能不炫己之才，而惟好人之善，则虚而能受，如江海之纳众流，大而有容，如天地之包万物，将见风声所播，意气所招，不但相识的人，益思忠告，近处之人，皆来亲附，就是四海之内，在千里之外，亦莫不感同气之相求，幸善言之可售，皆不惮涉远而来，告我以善矣。"（《张居正讲评〈孟子〉》）

反过来，孟子说："如果不好善，人将模仿他说：'訑訑（一种自以为是、不听善言的模样），我都已经知道了。'（他的）訑訑之声音颜色，拒绝别人于千里之外。士人被阻止在千里之外，则专事阿谀奉承的人就来了。和这些阿谀奉承者一同共事，想治理好国家，可能吗？"

张居正说："按孟子此言于治道最为关切。人君处崇高富贵之地，正士易疏，而佞人易亲，谀言多顺，而忠言多逆，使非诚心好善之主，未有能任贤不贰，纳谏如流者也。故好问、好察，虞舜之所以圣；饰非拒谏，商纣之所以亡，有天下者，可不鉴哉。"（《张居正讲评〈孟子〉》）

"谗邪进则众贤退，群枉盛则正士消。"（《汉书·楚元王传》）

赵岐注："章指言：好善从人，圣人一概，禹闻谠言，答之而拜。訑訑吐之，善人亦逝，善去恶来，道若合符。"（《孟子章句》）

12.14 陈子曰："古之君子何如则仕？"

孟子曰："所就三，所去三。迎之致敬以有礼，言将行其言也，则就之；礼貌未衰，言弗行也，则去之。其次，虽未行其言也，迎之致敬以有礼，则就之；礼貌衰，则去之。其下，朝不食，夕不食，饥饿不能出门户，君闻之曰：'吾大者不能行其道，又不能从其言也，使饥饿于我土地，吾耻之。'周之，亦可受也，免死而已矣。"

431

陈子问："古代的君子在什么情况下出来做官？"

孟子说："出来就任的有三种，辞官离职的也有三种。"归类如下——

第一种，恭敬有礼地迎接，对他的主张也打算实行，便就任；礼敬虽未衰减，但已不实行他的主张了，就弃官。

第二种，虽然没有实行他的主张，但是恭敬有礼地迎接，便就任；礼节减少了，就弃官。

第三种，早上没饭吃，傍晚没饭吃，饿得不能走出房门，君王知道了，便说："'我大不能实行其道，小又不能听从其言，使他在我的领地上挨饥受饿，这是我的耻辱呀！'于是接济他，这也可以接受，但只是为了不被饿死罢了。"顾炎武曰："免死而已矣，则亦不久而去矣。故曰'所去三'。"（《日知录》）

这一章说的是古时君子的做官原则，应该也是孟子自己的为官底线。

赵岐注："章指言：仕虽正道，亦有量宜，听言为上，礼貌次之，困而免死，斯为下矣，备此三科，亦无疑也。"（《孟子章句》）

12.15 孟子曰："舜发于畎亩之中，傅说（yuè）举于版筑之间，胶鬲举于鱼盐之中，管夷吾举于士，孙叔敖举于海，百里奚举于市。

这章入选中学课本，是名篇。

孟子开篇列举了历史上六位贤人的发达史。

舜是从田野中发达起来，赵岐注："舜耕历山，三十征庸。"

傅说从建筑工地上被提拔起来，赵岐注："傅说筑傅岩，武丁举以为相。"

胶鬲从鱼盐贩卖的工作中被提拔起来，赵岐注："胶鬲，殷之贤臣，遭纣之乱，隐遁为商，文王于鬻贩鱼盐之中得其人，举之以为臣也。"

管仲从狱官的手里被释放后而被重用，赵岐注："士，狱官也。管仲自鲁囚执于士官，桓公举以为相国。"

孙叔敖在海边隐居时被提拔，赵岐注："孙叔敖隐处，耕于海滨，楚庄王举之以为令尹。"

百里奚在市场自卖为奴后被提拔，赵岐注："百里奚亡虞适秦，隐于都市，缪公举之于市而以为相也。"（《孟子章句》）

> "故天将降大任于是人也，必先苦其心志，劳其筋骨，饿其体肤，空乏其身，行拂乱其所为，所以动心忍性，曾益其所不能。人恒过，然后能改；困于心，衡于虑，而后作；征于色，发于声，而后喻。

赵岐注："言天将降下大事，以任圣贤，必先勤劳其身，饿其体而瘠其肤，使其身乏资绝粮，所行不从，拂戾而乱之者，所以动惊其心，坚忍其性，使不违仁，困而知勤，曾益其素所不能行。"（《孟子章句》）

焦循曰："因己之劳苦空乏，推之于人，则有以动其不忍之心，而任其安天下之性，故向有所不能者，皆增益而能矣。"（《孟子正义》）

孟子这段话，不是空言。接下来他又说："人常常是犯了错误，然后才能改好；受困于心，思虑阻塞才能有所奋发；表现在面色上、发声于言语中才能被人了解。"

赵岐注："人常以有缪思过行，不得福，然后乃更其所为，以不能为能也。困瘁于心，衡，横也。横塞其虑于胸臆之中，而后作为奇计异策，愤激之说也。征验见于颜色，若屈原憔悴，渔夫见而怪之。发于声而后喻，若宁戚商歌，桓公异之。"（《孟子章句》）

司马迁的人生就是孟子鲜活的例证。他被宫刑后历经耻辱，留下不朽著作《史记》。他在《太史公自序》中托古抒情："七年而太史公遭李陵之祸，幽于缧绁。乃喟然而叹曰：'是余之罪也夫！是余之罪也夫！身毁不用矣。'退而深惟曰：'夫《诗》《书》隐约者，欲遂其志之思也。昔西伯拘羑里，演《周易》；孔子厄陈蔡，作《春秋》；屈原放逐，著《离骚》；左丘失明，厥有《国语》；孙子膑脚，而论书法；不韦迁蜀，世传《吕览》；韩非囚秦，《说难》《孤愤》；《诗》三百，大抵贤圣发愤之所为作也。'"司马迁鸿篇《史记》，何尝不是如此？

"入则无法家拂（bì）士，出则无敌国外患者，国恒亡。然后知生于忧患而死于安乐也。"

孟子再上升一步，一人如此，一国亦如此。他说："一个国家，内没有执法的大臣和辅弼的贤士，外没有抗衡的国家和外侵的忧惧，这个国家常常是会灭亡的。"

"生于忧患而死于安乐"，这句话激荡了多少仁人志士的赤子之心，使其发愿无愧于时代，无愧于人生，处困境而不弃，处安乐而不惑，奋起而有为！

12.16　孟子曰："教亦多术矣，予不屑之教诲也者，是亦教诲之而已矣。"

孟子说："教育也有很多方法，我不屑于教诲他，这本身也就是教诲他了呀。"

有时老师不想搭理你，这可能对你的冲击更大。"不屑"是一种态度，问题恰恰在"不屑"之处，你要好好留心。

《论语·阳货》云："孺悲欲见孔子，孔子辞以疾。将命者出户，取瑟而歌，使之闻之。"孔子不屑接见鲁哀公派来的使者孺悲，因为他们不尊重孔子，不懂礼。使者刚离开，孔子便取瑟弹歌，故意让孺悲听到。这就是教导的一种方法，让他们反省知礼。

不教之教。

蒋伯潜曰："术，方法也。'予不屑之教诲'，即'予不屑教诲之'也。孟子言教人方法很多。有时我不屑教诲他，恰是一种教诲方法。"（《新刊广解四书读本》）

好学者，要知良师之"屑"，更要悟良师之"不屑"。

赵岐注："学而见贱，耻之大者，激而厉之，能者以改。教诲之方，或折或引，同归殊途，成之而已。"（《孟子章句》）

自省吾身

自省吾身

尽心上

13.1 孟子曰:"尽其心者,知其性也。知其性,则知天矣。

赵岐注:"尽心者,人之有心,为精气主,思虑可否,然后行之。犹人法天,天之执持维纲,以正二十八舍者,北辰也。《论语》曰:'北辰居其所而众星拱之。'心者,人之北辰也。苟存其心,养其性,所以事天也,故以'尽心'为篇题。"(《孟子章句》)

焦循曰:"赵氏以心比北辰,以四体五官等比二十八舍。二十八舍听令于北辰,则正而不忒;四体五官听令于心,则善而不恶,法天即所以事天也。"(《孟子正义》)

以上是赵岐和焦循对"尽心"篇题的注解。安身立命,尽心尽力!我们由此开始第一章的阅读。

赵岐注:"性有仁义礼智之端,心以制之。惟心为正。人能尽极其心,以思行善,则可谓知其性矣。知其性,则知天之贵善者也。"(《孟子章句》)

焦循曰:"尽其心即极其心。性之善,在心之能思行善,故极其心以思行善,则可谓知其性矣。知其性,谓知其性之善也。天道贵善,特钟其灵于人,使之能思行善。惟不知己性之善,遂不能尽极其心,是能尽极其心以思行善者,知其性之善也。知其性之善,则知天道之好善矣。"(《孟子正义》)

戴震曰:"《孟子》曰:'尽其心者,知其性也。知其性,则知天矣。'耳目百体之所欲,血气资之以养,所谓性之欲也,原于天地之化者也。是故在天为天道，在人，咸根于性而见于日用事为，为人道。仁义之心，原于天地之德者也，是故在人为性之德。斯二者，一也。由天道而语于无憾，是谓天德；由性之欲而语于无失，是谓性之德。性之欲，其自然之符也；性之德，其归于必然也。归于必然适全其自然，此之谓自然之极致。诗曰：'天生烝民，有物有则，民之秉彝，好是懿德。'凡动作威仪之则，自然之极致也，民所秉也。自然者，散之普为日用事为；必然者，秉之以协于中，达于天下。知其自然，斯通乎天地之化；知其必然，斯通乎天地之德，故曰'知其性，则知天矣'。天人道德，靡不豁然于心，故曰'尽其心'。"（《原善》）

毓老师说："'尽其心'。'尽'，一点也不保留，完全发挥出来；'心'，本心，赤子之心，与生俱来的、没有污染的心。不加以保留，尽己心，不丢失赤子之心，能尽己之性，就能尽人之性、尽物之性。'知其性，则知天'，在天曰命，在人曰性，命、性、心，一也。"（《毓老师说孟子》）

"存其心，养其性，所以事天也。夭寿不贰，修身以俟之，所以立命也。"

赵岐注："能存其心，养育其正性，可谓仁人。天道好生，仁人亦好生。天道无亲，惟仁是与，行与天合，故曰所以事天也。"（《孟子章句》）

毓老师说："'存其心'，存己心，存己性；'配天'，替天行道；'大道之行也，天下为公'。'养其性''人之生也直''直养而无害'，将天所赋予的，不因己之私欲，而使之丧失。'事天'，事，奉承而不违；天，天子，天民。齐天者大，承天者至，'大哉至哉'乃统天。顺承天，则天，'与天地合其德''与天地参矣'。"（《毓老师说孟子》）

毓老师还说："'夭寿不贰'，不论长寿或是短命，就尽己之所能，一心一意去做，而无有所疑贰。'修身以俟之'，存心养性，'居易以俟命'，等待成就天命；'所以立命也'（《中庸》），'五十而知天命'（《论语·为政》），立于天命之中，'与天地参矣'。'养心莫善于寡欲'，想有成就必自'寡欲'入手，'本来无一物''终日乾乾'，始终如一。这是'无上正等正觉'，正知正见的大智慧。能有大担当，必有大的修为。内圣外王。……想成事，必得大本立，本立而道生。"（《毓老师说孟子》）

赵岐注："贰，二也。仁人之行，一度而已。虽见前人或夭或寿，终无二心，改易其道。夭若颜渊，寿若邵公，皆归之命。修正其身，以待天命，此所以立命之本也。"（《孟子章句》）

颜回早亡，邵公长寿。

焦循曰："天之命有夭寿穷达智愚贤不肖，而圣人尽其心以存之养之，存之养之，即所以修身使天下皆归于善。天之命虽有不齐，至是而皆齐之，故为立命知性，知天穷理也。尽其心以存之养之修之，尽性也，立命至于命也。《孟子》此章，发明《易》道也。"（《孟子正义》）

赵岐注："章指言：尽心竭性，所以承天，夭寿祸福，秉心不违，立命之道，惟是为诊。"（《孟子章句》）

毓老师认为孟子"此章谈安身立命之道"（《毓老师说孟子》）。

我把诸位贤达的解读摘录如上。请读之思之悟之，修之行之达之！

13.2　孟子曰："莫非命也，顺受其正。是故知命者不立乎岩墙之下。尽其道而死者，正命也；桎梏死者，非正命也。"

孟子说："没有不是命运（安排的），顺理而行所接受的便是正命。所以懂得命运的人不会站在有倾倒危险的墙壁之下。尽力行道而死的人，所受的是正命；犯罪而死的人，所受的不是正命。"

"莫非命也，顺受其正。"赵岐注："莫，无也。人之终无非命也。命有三名，行善得善曰受命，行善得恶曰遭命，行恶得恶曰随命。惟顺受命为受其正也。"（《孟子章句》）

毓老师说："在天曰命，'各正性命'。'顺受其正'，'顺'，直养而无害；'正'，止于一，元。'各正性命，保合太和，乃利贞'，顺承天命，养正。"（《毓老师说孟子》）

"是故知命者不立乎岩墙之下。尽其道而死者，正命也；桎梏死者，非正命也。"赵岐注曰："知命者欲趋于正，故不立岩墙之下，恐压覆也。尽修身之道以寿终者，为得正命也。畏压溺死，礼所不吊，故曰非命也。"（《孟子章句》）"正义曰：《礼记·檀弓》云：'死而不吊者三：畏、厌、溺。'注云：'谓轻身忘孝也。'"（《孟子正义》）

毓老师说："'尽其道而死，正命也''率性之谓道'，要立身行道，正己之性命，'居易以俟命'，为得正命也。《尚书·洪范》'考终命'，寿终正寝。'桎梏死者'，陷于罪而受刑，'非正命也'。"（《毓老师说孟子》）

《中庸》云："天命之谓性，率性之谓道，修道之谓教。"

13.3　孟子曰："求则得之，舍则失之，是求有益于得也，求在我者也。求之有道，得之有命，是求无益于得也，求在外者也。"

孟子说："追求就能得到，放弃便会失掉，说明追求有益于得到，因为所追求的皆取决于我的努力。"

自己真想追求，便可得到。要想放弃，就会失去。求得还是求失，皆在你我自身。

孟子又说："探求它有一定的道路，但要得到它还需有命，这是追求无益于获得，因为所追求的在我身外。"

"生死有命，富贵在天。"（《论语·颜渊》）求长寿，求富贵，有一定的方式和路径。求，就一定能得到吗？不一定。

反省自求，求身内之物，一定有得；乾乾而行，尽心至诚，尽人事以听天命。

孟子曰："求之有道，得之有命，是求无益于得也，求在外者也。"

赵岐注："为仁由己，富贵在天，故孔子曰：'如不可求，从吾所好。'"（《孟子章句》）

13.4　孟子曰："万物皆备于我矣。反身而诚，乐莫大焉。强恕而行，求仁莫近焉。"

孟子说："万物的原理我都具备了，反躬自省，修行至诚，便是最大的快乐。尽力按忠恕之道行事，此为最近的求仁之路。"

这应该是孟子的修行体悟。"万物皆备于我矣",所以人人都具备成尧、舜的基本条件。其方法是向内"反身而诚",向外"强恕而行"。其中的"乐",只有过来人才知道。

持之以恒,便无限地接近仁。

赵岐注:"章指言:每必以诚,恕己而行,乐在其中,仁之至也。"(《孟子章句》)

朱熹注:"此章言万物之理具于吾身,体之而实,则道在我而乐有余;行之以恕,则私不容而仁可得。"(《四书章句集注》)

13.5　孟子曰:"行之而不著焉,习矣而不察焉,终身由之而不知其道者,众也。"

张居正说:"见理分明叫做著,洞析精微叫做察。"(《张居正讲评〈孟子〉》)

孟子认为,日行而不知其理,日习而不察其精,一辈子顺从而不知其道,大多数人都是这样。

反过来说,一个人要想出类拔萃,就要行有所著、习有所察。

毓老师说:"'终身由之,而不知其道者,众也',一般人每天过活,知其然,不知其所以然。'道',率性,'朝闻道,夕死可矣'(《论语·里仁》)。"(《毓老师说孟子》)

赵岐注:"人皆有仁义之心,日自行之于其所爱而不能著明其道,以施于大事。仁妻爱子,亦以习矣,而不能察知可推以为善也。由,用也。终身用之,以为自然,不究其道可成君子,此众庶之人也。"他又

注："章指言：人有仁端，达之为道，凡夫用之，不知其为宝也。"（《孟子章句》）

《易经·系辞上》云："一阴一阳谓之道。继之者，善也。成之者，性也。仁者见之谓之仁，知（智）者见之谓之知，百姓日用而不知，故君子之道鲜矣。"焦循曰："日用而不知，即所谓终身由之而不知其道也。百姓，即众庶也。道，即君子之道，一阴一阳者也。惟其性善，所以能由。惟其能由，所以尽其心。以先觉觉之，其不可知者，通变神化而使由之。尽其心，显诸仁也。不能使知之，藏诸用也。圣人定人道，虽凡夫无不各以夫妻父子为日用之常，日由于道之中，而不知其为道也，此圣人知天立命之学也。圣人知民不可使知，则但使之行、习，而不必责以著、察。说者乃必以著、察知道，责之天下之凡夫，失孟子之意矣。"（《孟子正义》）

13.6 孟子曰："人不可以无耻。无耻之耻，无耻矣。"

这段话有点拗口。

孟子说："一个人不可以没有羞耻心。"这和孟子在《告子上》中讲的"羞恶之心，人兼有之"是一致的。孟子还说："羞恶之心，义之端也。"（《孟子·公孙丑上》）

在《论语·子路》中，子贡问曰："何如斯可谓之士矣？"子曰："行己有耻，使于四方，不辱君命，可谓士矣。"

一个人，正是因为有羞恶之心，才能不断地见恶从善，从而知过能改，知耻而后勇。

"无耻之耻，无耻矣。"张居正说："'有能知无耻之可耻，而内愧于心，介然萌悔悟之机，外作于人，奋然厉进修之志，将见善由是而日迁，过由是而日改，终身无复有耻辱之累矣。'夫无耻由于有耻如此，人岂可自失其耻心，而甘为小人之归哉。"（《张居正讲评〈孟子〉》）

陆九渊曰："人惟知所贵，然后知所耻。不知吾之所当贵，而谓之有耻焉者，吾恐其所谓耻者非所当耻矣。"（《陆九渊集》）

13.7　孟子曰："耻之于人大矣，为机变之巧者，无所用耻焉。不耻不若人，何若人有？"

这一章孟子继续说"耻"。"耻之于人大矣"，知耻，对一个人的作用太大了。

"为机变之巧者，无所用耻焉"，一个人不知耻，就会没有原则，不分是非，没有底线。

毓老师说："'为机变之巧者'，尽耍诈，不知上进，没有羞耻心，自甘下流，'无所用耻焉'，无所用其羞耻之心，想成事难！'君子进德修业'，每天战战兢兢临事。"（《毓老师说孟子》）

"不耻不若人，何若人有？"作为一名学生，我考试不及格，但我不感到羞耻，我"躺平"了。我不以赶不上别人为耻辱，又怎么能赶上别人呢？

许仁图说："一个人若无羞恶心，恬不知耻，自然不会见贤思齐，久之终成无耻之人。……'行己有耻'，人能有所不为，皆赖有耻。"（《说孟子》）

赵岐注:"不慕大人,何能有耻?是以隰朋愧不及黄帝,佐齐桓以有勋;颜渊慕虞舜,仲尼叹庶几之云。"(《孟子章句》)

"隰朋"何许人也?齐桓公"得管仲、隰朋,则九合诸侯"(《新书·连语》),据《列子·力命》记载,管夷吾(管仲)有病,小白(齐桓公)问:"恶乎属国而可?"对曰:"隰朋可。其为人也,上忘而下不叛,愧其不若黄帝,而哀不己若者。"

13.8 孟子曰:"古之贤王好善而忘势,古之贤士何独不然?乐其道而忘人之势,故王公不致敬尽礼,则不得亟见之。见且由不得亟,而况得而臣之乎?"

这一章孟子自比"古之贤士",这段话专门说给当时的诸侯王听。

孟子说:"古时的贤王好善而忘记了自己的权势,古时的贤士何尝不是这样?乐在其道而忘记他人的权势,所以王公们如果不对贤士恭敬有礼,就不能多次地和他相见。王公连见贤士的次数尚且不能多,更何况让他做臣下呢?"

毓老师说:"'好善',乐道,乐天之道,自强不息,日进不已;'忘势',忘人为的权势,'势利之交,无不凶终隙末'。"(《毓老师说孟子》)

朱熹注:"君当屈己以下贤,士不枉道而求利。二者势若相反,而实则相成,盖亦各尽其道而已。"(《四书章句集注》)这其实就是中华文化的政统和道统所在。王有王的高风,士有士的亮节。

赵岐注:"章指言:王公尊贤,以贵下贱之义也;乐道忘势,不以富贵动心之分也。各崇所尚,则义不亏矣。"(《孟子章句》)

13.9　孟子谓宋句践曰："子好游乎？吾语子游。人知之，亦嚣嚣（xiāo）；人不知，亦嚣嚣。"

孟子的这一章用词特别优美。

"宋句践"，战国时期人。"游"，游说也。"嚣嚣"，自得无欲之貌。

现在看来，这段话是孟子主动告诉宋句践的。孟子说："你不是喜欢游说吗？我告诉你游说的道理。人家知道你，你固然可以自得其乐而无求于人；人家不知道你，你也可以自得其乐而无求于人。"

曰："何如斯可以嚣嚣矣？"

曰："尊德乐义，则可以嚣嚣矣。故士穷不失义，达不离道。穷不失义，故士得己焉；达不离道，故民不失望焉。古之人，得志，泽加于民；不得志，修身见于世。穷则独善其身，达则兼善天下。"

宋句践问："如何才能达到这一境界？"达到这种自得其乐无求于人的状态。

对于孟子的回答，蒋伯潜曰："战国时游说之士，皆戚戚于贫贱，汲汲于富贵，故穷则失义，而不能独善其身，达则离道，而不能兼济天下，故孟子以此语之。"（《新刊广解四书读本》）

毓老师说："'尊德乐义'，不把人世的得失放在心上，则可以自得其乐。"（《毓老师说孟子》）

蒋伯潜曰："故士虽穷困，不可失义；即使显达，也不可离开素来所怀抱的道德。贫贱不能移，故穷不失义；富贵不能淫，故达不离道。得己者，不失自己的身份也。穷而失义，则失自己的身份；达而离道，则人民对他都失望了。"（《新刊广解四书读本》）

"得志，泽加于民"，毓老师说："得志了，在位谋政，使百姓受惠，因'小人怀惠'。"

"不得志，修身见于世"，毓老师说："不得志，不为世俗撼动己志。'不易乎世，不成乎名，遁世无闷，不见是而无闷，乐则行之，忧则违之，确乎其不可拔，潜龙也。'（《易经·乾卦》）'穷则独善其身'，不为世用，则'藏道于民''有教无类'；'达则兼善天下'，行天下为公之大道。"（《毓老师说孟子》）

看看《孟子》这一章的内容多么励志！它真正影响了两千多年来中国知识分子的心灵。多少仁人志士以此为座右铭，"尊德乐义"，自在其中。

13.10 孟子曰："待文王而后兴者，凡民也。若夫豪杰之士，虽无文王犹兴。"

"兴"，感动奋发之意。"凡民"，平常之人。"豪杰之士"，有过人才智的人。

古往今来，社会上有两种人：一种是平庸之人，他们一定要等文王这样的圣贤出世后，在他的教导鼓舞之下，才能奋发作为；另一种是豪杰之士，他们心中有志，自我激励，不为外部环境所囿，不为当下时势所抑，也无须像文王这样的圣贤引导，便乾乾精进，日进于善。

平庸之人，总以为自己为别人生活，为别人工作，为别人学习。所以，没有外力的作用，他不会多努力。

豪杰之士，为自己生活，为自己工作，为自己学习。所以，没有外力的作用，他也要去做最好的自己。

"凡民"，因自不作为而平凡；"豪杰"，因自我奋发而杰出。

毓老师说："伏羲又向谁学了？伏羲仰观俯察，师法大自然，'近取诸身，远取诸物'，作八卦，'以通神明之德，以类万物之情'。孔子'好学'，'夫子焉不学？而亦何常师之有'（《论语·子张》），学无常师，有'集大成'的成就。"（《毓老师说孟子》）

"待文王而后兴"。"待"，等待。一等待便荒废了一辈子。

做任何事，习惯于等待，能有何成就？

在一个企业里，更是如此。有为者，勇于担当；平庸者，坐吃等死。

13.11　孟子曰："附之以韩、魏之家，如其自视欿（kǎn）然，则过人远矣。"

"韩、魏"是晋国的世卿，拥有很多财富和很大的权势。"欿然"，不自满、不骄傲之貌。

孟子说："把韩、魏两家的财富和人脉都附加到他的身上，如果他还很谦虚，那这个人的胸怀、见识、境界远远超过一般人。"

晏子曰："富而不骄者，未尝闻之。"（《晏子春秋·内篇》）

老子曰："富贵而骄，自遗其咎。"（《道德经》）

张居正说："人情之所易溺者，莫如富贵，少有所得，而即矜己夸人，佽然自满者多矣。有人于此，官非卿士之素也，家非有世禄之资也。一旦举韩、魏之家而附益之，乃能自视欿然，恰似不曾增益的一般，略无骄盈之念，盛满之容，这等的人，识见高明，物欲不能昏其志。涵养坚定，势利不能动其心，举世之所夸羡慕者，而视之如浮云，轻之如敝屣，其中自有至贵至富者在矣，其过人也，不亦远乎。"（《张居正讲评〈孟子〉》）

焦循曰："百乘之家，益之自外；仁义之道，根之于心。但视外所附，则见其富贵；自视其中之所有，故欿然知不足也。"（《孟子正义》）

13.12　孟子曰："以佚道使民，虽劳不怨。以生道杀民，虽死不怨杀者。"

真心为老百姓好，老百姓会感受到的。

比如教老百姓种田，是想让老百姓多收获些稻谷，有安逸的日子可过。这样老百姓虽出了力、受了苦，但心里没有怨恨。

那些执政者诛杀害人的罪犯，其本意是使社会安定。这样虽然杀了人，老百姓也不会怨怪杀人者。

13.13　孟子曰："霸者之民，驩虞如也。王者之民，皞皞（hào）如也。杀之而不怨，利之而不庸，民日迁善而不知为之者。

"骓虞"，欢娱也，喜悦之意。"皞皞"，广大自得的模样。

霸主统治的百姓欢喜快乐，圣王统治的百姓心情舒畅。

霸者靠力，霸者之治，有意为之。"微管仲，吾其被发左衽矣。""桓公九合诸侯，不以兵车，管仲之力也！如其仁！如其仁！"（《论语·宪问》）霸主们做事都声势浩大，老百姓容易知道，欢娱也。

王者靠德，润物无声。"杀之而不怨，利之而不庸，民日迁善而不知为之者。""杀之"，除恶。"利之"，扬善。老百姓天天向好的方向发展，也不知是谁使他们这样的。

"夫君子所过者化，所存者神，上下与天地同流，岂曰小补之哉？"

朱熹注："君子，圣人之通称也。所过者化，身所经历之处，即人无不化，如舜之耕历山而田者逊畔，陶河滨而器不苦窳也。所存者神，心所存主处便神妙不测，如孔子之立斯立、道斯行、绥斯来、动斯和，莫知其所以然而然也。是其德业之盛，乃与天地之化同运并行，举一世而甄陶之，非如霸者但小小补塞其罅漏而已。此则王道之所以为大，而学者所当尽心也。"（《四书章句集注》）

"神而化之，使民宜之。"（《易经·系辞下》）

蒋伯潜曰："'所过之化，所存者神'，即神而化之也。按上指天，下指地，'上下与天地同流'，言王者神化，与天地运行化育万物之功相同。故能神而化之，不但小补于民而已。神而化之，与天地之运行同，即所谓'唯天为大，唯尧则之'，故'荡荡乎民无能名'也。"（《新刊

广解四书读本》）

这章内容说的也是孟子主张"王道"、反对"霸道"的原因。

13.14　孟子曰："仁言不如仁声之入人深也，善政不如善教之得民也。

得民心者得天下，看孟子多早就提出了"得民心"这一大问题。

赵岐注："仁言，政教法度之言也。仁声，乐声雅颂也。仁言之政虽明，不如雅颂感人心之深也。"又注："善政使民不违上，善教使民尚仁义心。"（《孟子章句》）

一个企业有好的制度，则约定了一个企业做事的底线；有好的文化，则能描绘出全体员工的向往。所以，制度是约束人的，文化是激励人的。制度形于外，文化诚于心。

"善政民畏之，善教民爱之。善政得民财，善教得民心。"

善政，老百姓都畏惧之；善教，老百姓都喜爱之。

善政，可以得到老百姓的财；善教，可以得到老百姓的心。

赵岐注："畏之，不逋怠，故赋役举而财聚于一家也。爱之，乐风化而上下亲，故欢心可得也。"（《孟子章句》）

为政，是为"一家人"为政？还是为"天下人"为政？

善教者，使人心觉醒。

以天下为政者，唯恐天下不公不正，天下人不富不安；以大道为教者，唯恐天下人不知不觉、不义不仁。

13. 15　孟子曰："人之所不学而能者，其良能也；所不虑而知者，其良知也。孩提之童，无不知爱其亲者；及其长也，无不知敬其兄也。

王阳明就是沿着孟子的这条路走下去的。孟子在这里提到"良知"，王阳明加了个"致"字。"致良知"是王阳明的核心思想之一。

人，生下来就会吃奶，用学吗？不用学。这便是良能。

不用思考就知道的，便是"良知"。孩子爱妈妈还用思考吗？这就是天性。

"亲亲，仁也；敬长，义也。无他，达之天下也。"

"亲亲，仁也"，前一个"亲"，动词；后一字"亲"，名词。"敬长"，尊敬长者、长辈。

"不学而能"，"良能"是本能；"不虑而知"，"良知"是本心。

"良能""良知"，本自具足。但人为什么会迷失这一本身具有之善呢？因为后天的所学、所虑出了偏差。

要学，就学圣人之道；要虑，就虑天下之事。

13.16 孟子曰："舜之居深山之中，与木石居，与鹿豕游，其所以异于深山之野人者几希。及其闻一善言，见一善行，若决江河，沛然莫之能御也。"

孟子说："舜住在深山之中，与树木、石头同居，与野鹿、野猪共处，和深山的野蛮之人几乎没有差别。"但他为什么后来能成为一位圣贤的帝王呢？孟子认为："舜听到一句善言，或见到一例善行，就立刻效仿践行，像江河决堤，浩浩荡荡，无人能阻止。"

朱熹注："盖圣人之心，至虚至明，浑然之中，万理毕具。一有感触，则其应甚速，而无所不通，非孟子造道之深，不能形容至此也。"（《四书章句集注》）

毓老师说："'闻一善言，见一善行''元者，善之长也''继之者，善也'，人只要存心向善，则如江河之有源，其力量'若决江河，沛然莫之能御也。'"（《毓老师说孟子》）

只要你我能倾听善言，践行善举，永存向善之心，就会成就最好的自己！

13.17 孟子曰："无为其所不为，无欲其所不欲，如此而已矣。"

"如此而已矣"，听听孟子这口气：就这点事！

赵岐注："无使人为己所不欲为者，无使人欲己之所不欲者，每以身况之，如此，则人道足也。"（《孟子章句》）

"每以身况之如此",能设身处地,换位思考,己所不欲、己所不为,勿施于人,人道足够了!

孟子的这句话,只不过将孔子的说法换了一种表述而已。

"无为其所不为,无欲其所不欲",孟子说"如此而已"。这句话,说起来容易,可做起来就难了!

13.18　孟子曰:"人之有德、慧、术、知者,恒存乎疢(chèn)疾。独孤臣孽子,其操心也危,其虑患也深,故达。"

"疢",病也。人在疾病之中,会有怎样的心境?孟子说:"人们中具有德行、智慧、道术、才智的,常常是在疾病、患难之中的人。"朱熹注:"言人必有疢疾,则能动心忍性,曾益其所不能也。"(《四书章句集注》)

庭院里跑不出千里马,温室里养不出万年松。

磨难是一个人一生中最大的财富。"宝剑锋从磨砺出,梅花香自苦寒来。"(《警世贤文》)

如何面对苦难,决定了一个人的境界。

"孤臣",失去国家的大臣。"孽子",庶子,不受重视。

孟子说:"失去国家的大臣和地位低下的庶子,他们处于危险境界而日夜操劳,处于患难之中而时时忧虑,故能成为显达之人。"

是孤臣,方懂官场险恶;是孽子,才知人情冷暖。

许仁图说:"世道不宁,国如累卵,常见虑患操心的孤臣孽子。"

（《说孟子》）

赵岐注："自以孤微，惧于危殆之患而深虑之，勉为仁义，故至于达也。"又注："章指言：孤孽自危，故能显达；膏粱难正，多用沉溺。是故在上不骄，以戒诸侯也。"（《孟子章句》）

13.19　孟子曰："有事君人者，事是君则为容悦者也；有安社稷臣者，以安社稷为悦者也；有天民者，达可行于天下而后行之者也；有大人者，正己而物正者也。"

孟子定义了四种人——

一、"事君人者"。"事"，事奉。"事君"者，为君主跑腿的人。他只能装出讨好的样子，取悦领导。

二、"安社稷臣者"。安定江山社稷，方才喜悦。如范仲淹"先天下之忧而忧，后天下之乐而乐"，将自己的悦乐建立在百姓悦乐的基础上，而不是上级领导的悦乐之上。

三、"天民者"。赵岐注："天民，知道者也。可行而行，可止而止。"（《孟子章句》）伊尹，"天民之先觉者"。《庄子·庚桑楚》曰："人之所舍，谓之天民；天之所助，谓之天子。"列子称舜、禹、周公为天人，称孔子为天民。

四、"大人者"。赵岐注："大人，大丈夫不为利害动移者。正己物正，象天不言而万物化成也。"（《孟子章句》）

"圣人在位，谓之大人。"（《易经·乾卦》）

"大人""正己"，然后正人、正物。"大人者"，尽己之性，而后尽人之性、尽物之性。

"事君人者"，朱熹注："阿殉以为容，逢迎以为悦，此鄙夫之事，妾妇之道也。"（《四书章句集注》）朱熹认为此等人人品最下。第二等是"安社稷臣者"，以家国安康为己任。第三等是"天民者"，先知先觉，只有他的大道可行于天下后，才出来做事。最高一等是"大人者"，"正己而物正"的人。

蒋伯潜曰："事君为容悦者，是佞臣；安社稷者，是一国之臣；天民，则非一国之士矣，然尚有待于作为；至于大人，则非尧、舜不足以当之。"（《新刊广解四书读本》）

> 13.20　孟子曰："君子有三乐，而王天下不与存焉。父母俱存，兄弟无故，一乐也。仰不愧于天，俯不怍于人，二乐也。得天下英才而教育之，三乐也。君子有三乐，而王天下不与存焉。"

对照一下孟子之言，就知自己是不是君子，或者离君子之道还有多远。

君子有三大快乐——

君子第一乐，"父母俱存，兄弟无故"。"父母俱存"，你才有孝敬的可能；"兄弟无故"，你才有孝悌的机会。趁着父母健在，多孝顺，不要留下"子欲养而亲不待"的缺憾。兄弟是你的至亲，要与之互相关爱，家和万事兴。

君子第二乐，"仰不愧于天，俯不怍于人"。一生，上无愧于天，下对得起人，这岂不是一乐吗？

君子第三乐，"得天下英才而教育之"。天下的英才，聚集到你的旗下，通过你的教育，都成为栋梁之才。不是说你必须要成为老师才有这样的机会，管理企业也是如此。如果你能把大家引上道，使他们成为精英，也是一种教育。真正的企业家，首先应该是一位良师。企业最好的产品，永远是人才。

"君子有三乐，而王天下不与存焉。"君子有这三种快乐，王天下的快乐不能和这些人的快乐相比。

孟子为什么说了两遍"不与存焉"？请看下章分解。

13.21　孟子曰："广土众民，君子欲之，所乐不存焉；中天下而立，定四海之民，君子乐之，所性不存焉。君子所性，虽大行不加焉，虽穷居不损焉，分定故也。

孟子上一章说"君子有三乐，而王天下不与存焉"，这一章接着说君子之乐。

孟子说："广袤的土地和众多的臣民，这是每一个君子都想要的，但他真正的乐趣却不在此。"孟子为什么这样说呢？

土地再广也有边界，民众再多也不能穷尽。"广土众民"，只不过是"欲"而已。齐桓公"九合诸侯"，其欲就满足了吗？秦始皇一统天下，他就真的快乐了吗？

那什么才是君子之乐呢？孟子接着往下讲。

孟子说："站在天下的中央，安定四海的百姓，这是君子的快乐，但他的本性并不在此。"

附于外在之乐，能恒能久吗？

> **"君子所性，仁、义、礼、智根于心。其生色也睟（sùi）然，见于面，盎于背，施于四体，四体不言而喻。"**

孟子说："君子的本性，纵使他的理想大行于天下也不因此而增加，纵使他穷困陋居也不因此减少，这是本性已定的缘故。"

张居正曰："孟子承上文说：'君子行道之志，至于王天下极矣。乃但可以言乐，不可以言性，君子所性，却是如何？盖土地有广狭，人民有众寡，此皆可得而加损者也。若君子所性，不但爵位稍得所欲，不能有所增也，便使得志，而大行于天下，吾性浑然自若而已，何尝因大行而遂有加益乎？不但爵位稍失所欲，不能有所减也，便使不得志，而穷约以终身，吾性亦浑然自若而已，何尝因穷居，而遂有亏损乎？所以然者为何？盖凡物之不足者，乃可以加，有余者，乃可以损，由其分数未定故也。惟君子之性，自天赋之，则为定命，自我得之，则为定理，万善咸备，本无不足也，何一毫可得有加？一物不容，本非有余也，何一毫可得而损？此所以可穷可达，而吾性之全体，不因之而少变也，使可得而加损，则亦外物，而非吾性之本然矣，人可不反而求之吾心也哉？'"（《张居正讲评〈孟子〉》）

孟子说:"君子的本性,仁、义、礼、智都根植于内心,它们产生的清和润泽之色显现于脸上,丰盈显现于背上,威仪延伸于四肢,通过四肢的动作,无须言语,就能通晓其意了。"

《易经·坤卦》曰:"君子黄中通理,正位居体,美在其中,而畅于四支,发于事业,美之至也。"

蒋伯潜曰:"'广土众民',指为大国诸侯;地辟而民聚,可以行其道,施其泽,故君子欲之。但君子所乐者不在此。'中天下而立,定四海之民',指王天下。其道大行,匹夫匹妇无不被其泽,故君子乐之。但君子所性者不在此。"他又注:"'所性',谓所禀受之天性;'分定'者,性禀自天,其分量不可增损也。'大行',指上文'中天下而立,定四海之民'而言。虽达而兼善天下,于性分无所增加;虽穷居独善其身,于性分无所灭损,故曰'所性不存'也。君子所禀受之天性,仁义礼智四德,皆本于其心,不由外铄。诚于中,必形于外。故根于心之仁义礼智,发而著见于容颜、仪态、动作者,睟然有纯粹中正,清和润泽之貌也。"(《新刊广解四书读本》)

大多数人,知其所乐,逐其所欲,但不见其本性。

13.22　孟子曰:"伯夷辟纣,居北海之滨,闻文王作,兴曰:'盍归乎来?吾闻西伯善养老者。'大公辟纣,居东海之滨,闻文王作,兴曰:'盍归乎来?吾闻西伯善养老者。'天下有善养老,则仁人以为己归矣。五亩之宅,树墙下以桑,匹妇蚕之,则老者足以衣(yì)帛矣。五母鸡,二母彘,无失其时,老者足以无失肉矣。百亩之田,匹夫耕之,八口之家足以无饥矣。所谓西伯善养老者，制其田里，教之树、畜，导其妻子，使养其老。五十非帛不暖，七十非肉不饱。不暖不饱，谓之冻馁（něi）。文王之民，无冻馁之老者，此之谓也。"

"伯夷"，天下之仁人，因逃避殷纣王，隐居在北海的边上。"大公"，也是天下之仁人，因逃避殷纣王，隐居在东海边上。他俩听说文王的养老之政，先后归附。天下有善养老人的君王，仁德之人便会把他看作自己的归宿。

孟子接着说文王的养老之政。他说："有五亩地的住宅，在墙边种上桑树，妇女养蚕缫丝，老年人可以穿上丝帛了。五只母鸡、两头母猪，不要耽误它们的繁殖期，老年人可以吃肉了。一百亩的土地，由男人耕种，一个八口之家可以不挨饿了。所谓西伯善于奉养老人，在于他制定田地制度，指导百姓耕种畜牧，教育妻子善养老人。五十岁没有丝帛便穿不暖，七十岁没有肉就吃不饱。穿不暖、吃不饱，叫挨饿受冻。文王的百姓，没有挨饿受冻的老人，这就是文王的善养之政。"

张居正说："文王之民，其老者皆得衣帛食肉，而无冻馁之患者，正以其因天下之利，教天下之民，率天下之民，养天下之老，爱溥而无私，惠周而不费，此养老之政，所以为善，而伯夷、太公皆以之为归也。"（《张居正讲评〈孟子〉》）

13.23 孟子曰："易其田畴，薄其税敛，民可使富也。食之以时，用之以礼，财不可胜用也。

"易"，治也。"畴"，耕治之田。"敛"，税收。

孟子所处的时代，老百姓富裕的标准就是有多余的粮食，有多余的财物。致富的方法不外乎两条：一是整治好田畴，不使其荒芜，让老百姓有更多的土地耕作；二是减轻赋税，留利于民。

老百姓饮食有定时，用度合乎礼节，财物就用不完了。

"生之者众，食之者寡，为之者疾，用之者舒，则财恒足矣。"（《大学》）

> "民非水火不生活，昏暮叩人之门户求水火，无弗与者，至足矣。圣人治天下，使有菽（shū）粟如水火。菽粟如水火，而民焉有不仁者乎?"

"水火"，老百姓生活的必需品。"昏暮"，即早晚。孟子认为，无论是早上还是傍晚，你到别人家去借个水、火，没有人会拒绝，为什么？因水、火足也。这是孟子举的例子。他想说的是下一句："圣人治天下，使有菽粟如水火。""菽"，豆类的总称。"粟"，米类的总称。圣人治理天下，无他，就是使粮食如水、火一样充足。"易其田畴，薄其税敛"是粮食多产的根本。

"菽粟如水火，而民焉有不仁者乎?"赵岐注："菽粟饶多若是，民皆轻施于人，而何有不仁者也。"他又注："教民之道，富而节用，蓄积有余，焉有不仁，故曰'仓廪实知礼节'也。"（《孟子章句》）

管仲说"仓廪实知礼节"，"仓廪实"是"知礼节"的前提，仓廪充实之后，再知礼、知节。"礼"是秩序，有"节"才不奢靡。治国要优先解决民生问题，再普及教育。这就是孔子所说的先富之，后教之。

13.24 孟子曰："孔子登东山而小鲁，登泰山而小天下。

孟子这段话只是说孔子攀登东山、攀登泰山之事吗？非也。孔子登上"东山"，觉得鲁国小，登上"泰山"，觉得天下小。不跨越这些山峰，孔子的思想怎么会走向"大同"？

"故观于海者难为水，游于圣人之门者难为言。

这是孟子的学习感悟。

小时候，在暴雨之后积成的小水洼里游泳。长大了，看到一望无际的大海，小水洼的那点水，又算什么呢？

在圣人的门下游学，其体悟难以言表。

孟子"游于圣人之门者难为言"的感悟，当年颜回也有过。颜回评价孔子："仰之弥高，钻之弥坚；瞻之在前，忽焉在后。"他的从学体悟是"欲罢不能，既竭吾才，如有所立卓尔。虽欲从之，末由也已"（《论语·子罕》）。

"观水有术，必观其澜。日月有明，容光必照焉。流水之为物也，不盈科不行；君子之志于道也，不成章不达。"

"河水清且澜猗，大波为澜。"（《尔雅·释水》）

张居正说："今夫水行乎地，必源头深远，方能起得波澜。故观水自有方法，不必寻源以穷其发端也。惟于波流濚回，水势猛急之处观之，则知狂澜之滔滔，乃源泉之混混者所出也，而其本自可见矣。日月丽乎天，必体魄明朗，方能布得光采。"他又言："然则孔子之道，川流源于敦化，即水之由源而达委也，光辉根于笃实，即日月之由明而生光也，其大而有本者，何以异于此哉？"（《张居正讲评〈孟子〉》）

孟子为什么要以水作比喻？因孔子喜欢水。孟子为什么要以日月作比喻？因为孔子的弟子常把孔子比作日月。子贡曰："他人之贤者，丘陵也，犹可逾也；仲尼，日月也，无得而逾焉。"（《论语·子张》）

"日月有明，容光必照"，毓老师说："无所不照，明照四方，去暗没有分别心，'安仁者，天下一人'。"（《毓老师说孟子》）

流水的特性是，不把洼地填满，它是不会向前的。

"盈（填满）科（坑洞）"而后行，学习如此，管理企业也一样。欠下的债，迟早要还；留下的坑，迟早要填。天下事没有捷径可走。

"君子之志于道也，不成章不达。"孟子以流水之喻，告有"志于道"者，要循序渐进，下学上达。朱熹注："成章，所积者厚，而文章外见也。达者，足于此而通于彼也。此章言圣人之道大而有本，学之者必以其渐，乃能至也。"（《四书章句集注》）

> 13.25 孟子曰："鸡鸣而起，孳（zī）孳为善者，舜之徒也；鸡鸣而起，孳孳为利者，跖（zhí）之徒也。欲知舜与跖之分，无他，利与善之间也。"

"孳孳"，勤勉之意。我们知道舜是大善的典范，那么跖是何许也？"跖"，盗跖也。《庄子·盗跖》曰："孔子与柳下季为友，柳下季之弟名曰盗跖。盗跖从卒九千人，横行天下，侵暴诸侯。穴室枢户，驱人牛马，取人妇女，贪得忘亲，不顾父母兄弟，不祭先祖。所过之邑，大国守城，小国入保，万民苦之。"

孟子认为，舜和跖的门徒都"鸡鸣而起"，非常勤勉。不同的是，舜之徒勤勉为善，跖之徒勤勉为利。

赵岐注："好善从舜，好利从跖，明明求之，常若不足，君子、小人，各一趣也。"（《孟子章句》）

为善为恶，就在一念之间。鸡叫了，人醒了，第一个念头是，今天该做什么？舜之徒想的是今天该做什么善事，这便是善心。跖之徒想的是今天要做什么利己之事，这就是利己心。

南怀瑾说："他主张走圣人之道，告诫我们要'鸡鸣而起，孳孳为善'，自己的思想、心理行为，念念在做好人、做善事，才可以够得上读圣人书，学圣人之道，走圣人之路。"（《孟子与尽心篇》）

你我为何要"鸡鸣而起，孳孳为善"呢？不为自己，也要为后代考虑。我们的后代是"舜之徒"，还是"跖之徒"，关键在你我。"无他，利之善之间也。"程子曰："言间者，谓相去不远，所争毫末也。"（《四书章句集注》）

13.26　孟子曰："杨子取为我，拔一毛而利天下，不为也。墨子兼爱，摩顶放踵（zhǒng）利天下，为之。子莫执中，执中为近之。执中无权，犹执一也。所恶执一者，为其贼道也，举一而废百也。"

　　"杨子"，即杨朱，战国时代人。据《列子·杨朱》记载，杨朱言："伯成子高不以一毫利物，舍国而隐耕；大禹不以一身自利，一体偏枯。古之人损一毫利天下，不与也。悉天下奉一身，不取也。人人不损一毫，人人不利天下，天下治矣。"《列子》又记载：禽子问杨朱曰："去子体一毛以济一世，汝为之乎？"杨子曰："世固非一毛所济。"禽子曰："假济，为之乎？"杨子弗应。

　　"杨子取为我，拔一毛而利天下，不为也。""为我"是一个极端。另一个极端是墨子，"墨子兼爱，摩顶放踵利天下，为之"。据《史记》记载，墨子，"宋之大夫，善守御，为节用。或曰并孔子时，或曰在其后"。墨子磨秃头顶、走破脚跟，只要有利于天下，他都会全力以赴。

　　此处，孟子又举出第三人，"子莫"。孟子认为"执中为近之"，"执中"可能更接近仁义之道。但孟子语气一转，"执中无权，犹执一也。""执"，固执。"权"，权变。如果固执于中而不知变通，和固执于一端（杨子、墨子的极端）是一样的。

　　尧传舜，舜传禹，有权变。子莫的"执中"是执两端之中，"执一"而"无权"。

　　蒋伯潜曰："禹、稷之已饥已溺，劳身苦思，有似墨子之兼爱；颜子之箪瓢陋巷，自乐其乐，有似杨朱之为我；其易地皆然者，因'有权'以度其所处之地位也。子思之居卫不去，不避越寇，有似墨子；曾子之寇至则去，寇退则反，有似杨朱；其易地皆然者，因'有权'以度其所处之地位也。子莫之'执中'，所以与舜、汤之'执中'，孔子之'时中'不同在此。"（《新刊广解四书读本》）

　　孟子的结论："所恶执一者，为其贼道也，举一而废百也。"

　　朱熹注："贼，害也。为我害仁，兼爱害义，执中者害于时中，皆

举一而废百者也。此章言道之所贵者中，中之所贵者权。"（《四书章句集注》）

反省一下，你我是"杨朱派"？是"墨子派"？是"子莫派"？还是"时中"的"孔、孟派"？

> **13.27** 孟子曰："饥者甘食，渴者甘饮，是未得饮食之正也，饥渴害之也。岂惟口腹有饥渴之害？人心亦皆有害。人能无以饥渴之害为心害，则不及人不为忧矣。"

孟子说的道理为什么契合人心？因为他总是从生活经验出发，然后得出结论。

"饥者甘食"，饥饿到极致的人，是不是觉得什么食物都好吃？

"渴者甘饮"，口渴到极致的人，是不是觉得什么饮品都好喝？

因为饥饿、干渴，已经顾不上食物本来的滋味了。

"岂惟口腹有饥渴之害？人心亦皆有害。"

张居正说："人心有正理，犹饮食有正味也，惟以贫贱之故，摇乱其心，则富有所不当得者，亦将贪之以为利，贵所不当得者，亦将贪之以为荣，不暇抉择，而失其正理，亦犹饥渴之甘于饮食，不复知有正味也。心志之有害，何以异于口体之有害哉？"（《张居正讲评〈孟子〉》）

知"饥渴之害"，就知"心害"。没有别人钱多，没有别人位重，有什么好忧虑的？饿了吃饭，渴了喝水，困了睡觉，"素富贵行乎富贵，素贫贱行乎贫贱"（《中庸》），修心养性的真义在此。

朱熹注:"口腹为饥渴所害,故于饮食不暇择,而失其正味;人心为贫贱所害,故于富贵不暇择,而失其正理。人能无以饥渴之害为心害,则不及人不为忧矣。人能不以贫贱之故而动其心,则过人远矣。"(《四书章句集注》)

赵岐注:"章指言:饥不妄食,忍情节欲;贱不失道,不为苟求。能无心害,夫将何忧。"他又曰:"人能守正,不为邪利所害,虽谓富贵之事不及逮人,犹为君子,不为善人所忧患也。"(《孟子章句》)

焦循曰:"同一贫贱,而彼稍逊,则己妒而伤之;同一富贵,而彼稍加一等,已百计排毁而倾轧之:皆心害也。受其害者,必善人也;害善人者,必小人非君子也。故云犹为君子,不为善人所忧患。近时通解不为忧谓己不忧不及人。"(《孟子正义》)

▌ 13.28　孟子曰:"柳下惠不以三公易其介。"

柳下惠做法官时,多次被撤职。有人为他抱不平:"你不可以离开鲁国吗?"他回答说:"以直道事君,到哪里去不都会被撤职吗?不以直道事君,为什么一定要离开祖国呢?"

孟子说:"柳下惠不因为三公的高位而改变他的操守。""易",改变。"介",耿介的操守也。《易经·豫卦》曰:"其介如石。"

柳下惠做了小官,遭三次罢黜,不改其操守。

朱熹注:"柳下惠进不隐贤,必以其道,遗佚不怨,阨穷不悯,直道事人,至于三黜,是其介。此章言柳下惠和而不流,与孔子论夷齐不念旧恶意正相类,皆圣贤微显阐幽之意也。"(《四书章句集注》)

赵岐注："柳下惠不恭，用志大也。无可无否，以贱为贵也。"（《孟子正义》）

13.29　孟子曰："有为者辟若掘井，掘井九轫而不及泉，犹为弃井也。"

孟子说："一个有为者做一件事就好比掘井，掘井九轫（一轫为八尺）没见到泉水，仍然是一口废井。"

不能仅仅把事情做了，而是要把事情做成。

真正的有为者，持之以恒，锲而不舍，决不半途而废。

赵岐注："为仁由己，必在究之，九轫而辍，无益成功。《论》之一篑，义与此同。"（《孟子章句》）

13.30　孟子曰："尧、舜，性之也；汤、武，身之也；五霸，假之也。久假而不归，恶知其非有也？"

孟子生活在战国时期。他把之前的君主分成了三种类型：尧、舜，汤、武，五霸。

第一种，"尧、舜，性之也"，尧帝、舜帝，本性如此。

荀子曰："性之和所生，精合感应，不事而自然，谓之性。"（《荀子·正名》）

尧、舜的一言一行，都发自本性。

尧、舜行"禅让",是"(本)性(使)之也"。如小孩一出生要吃娘奶一般,朱熹注:"天性浑全,不加修习。"(《四书章句集注》)尧、舜所行之仁,是天命使然,顺性所为,自然契合"天下为公"的大道。

到"汤、武",则有了不同。"汤、武,身之也"。"身之",即体之,身体力行。朱熹注:"汤、武修身体道,以复其性。"(《四书章句集注》)汤、武革命,虽也是为了推行仁政,但是有意为之。赵岐注:"身之,体之行仁,视之若身也。"(《孟子章句》)

到春秋"五霸",性质发生了根本变化。如果说尧、舜时期是"公天下",汤、武时期则变为"家天下";如果说尧、舜、汤、武推行的是"王道",那么春秋五霸推行的就是典型的"霸道"了。

"五霸,假之也。""假",假借。春秋五霸,假借仁义之名,其实他们并不是真正想实施仁政。

"久假而不归,恶知其非有也?"久而久之,所有的人都不知道这个借来的东西并不是原来就有的,怎么知道他不是真有仁义了呢?

13.31 公孙丑曰:"伊尹曰:'予不狎(xiá)于不顺。'放太甲于桐,民大悦。大甲贤,又反之,民大悦。贤者之为人臣也,其君不贤,则固可放与?"

孟子曰:"有伊尹之志,则可;无伊尹之志,则篡也。"

一个"可",一个"篡",差别很大。

孟子的学生公孙丑,借伊尹放逐太甲的事例,提出:"贤者之为人臣也，其君不贤，则固可放与？"

伊尹是商汤的贤相，他帮助商汤推翻夏朝，建立商朝。汤死后，汤的儿子继位，但其德不配位。伊尹便把太甲放逐到桐宫这个地方，让他在父亲汤的墓侧面壁思过。通过一段时间的学习、教育，太甲改过自新。伊尹又请太甲归位。老百姓对伊尹的做法以及太甲的变化都很满意。

问题来了："贤德的大臣，能放逐不贤的君王吗？"

孟子说："有伊尹那样的忠贞之志，是可以的；没有伊尹那样的忠贞之志，就是篡位。"

何为"伊尹之志"？即有大公无私之心。

伊尹看不惯那些做事违背义理的人。张居正说："伊尹之放太甲，盖上为宗祀，下为生民，公天下以为心，而无一毫自私自利之念。"（《张居正讲评〈孟子〉》）

蒋伯潜曰："伊尹放太甲，后世只霍光学之，废昌邑王，立汉宣帝，而不篡位。其余废君立君，无不为自己，或为子孙谋天子之位。皆所谓'无伊尹之志则篡'者也。"（《新刊广解四书读本》）

> 13.32 公孙丑曰："《诗》曰：'不素餐兮。'君子之不耕而食，何也？"
>
> 孟子曰："君子居是国也，其君用之，则安富尊荣；其子弟从之，则孝弟忠信。'不素餐兮'，孰大于是？"

"不素餐兮"？"素餐"，白吃。

公孙丑以《诗经·魏风·伐檀》中的"不素餐兮"为据，问："君子（意指孟子等）不种庄稼却吃饭，这是为什么呢？"

孟子说："君子居住在这个国家，国君重用他，则一国平安富足、尊贵荣誉；一国之中的弟子们跟从他学习，都会孝敬父母、尊敬兄长、忠义守信。'不白吃饭'，还有比这个更重要的吗？"

社会之所以进步，是因为社会分工越来越细。"不素餐兮"就是各在其位，各谋其政。把自己的事做好，把自己的工作做精。否则，就真成"素餐"者了。

13.33　王子垫问曰："士何事？"

孟子曰："尚志。"

曰："何谓尚志？"

曰："仁义而已矣。杀一无罪，非仁也；非其有而取之，非义也。居恶在？仁是也；路恶在？义是也。居仁由义，大人之事备矣。"

"王子垫"，齐王的儿子，名垫。

朱熹注："上则公卿大夫，下则农工商贾，皆有所事，而士居其间，独无所事，故王子问之也。"（《四书章句集注》）

顾炎武曰："春秋之后，游士日多，《齐语》言'桓公为游士八十人，奉以车马衣裘，多其资币，使周游四方，以号召天下之贤士'。而战国之君，遂以士为轻重，文者为儒，武者为侠。呜呼，游士兴而先王之法坏矣！彭更之言，王子垫之问，其犹近古之意与？"（《日知录》）

王子垫问："士是做什么事的?"

孟子说："尚志。"

王子垫再问："什么叫尚志?"

孟子说："践行仁义而已。"

此处，孟子的回答是有针对性的。因为垫是王子，所以孟子启发他，王子之志应该是"仁义而已"。孟子接着说："杀一个无罪之人，不是仁；不是你的你却把它占有，不是义。心之所居在何处? 在仁；路之所行到哪里? 到义。内居于仁，外行于义，大人之事就完备了。""大人"，德高望重之人。

这是孟子针对王子垫其人对"尚志"的解释，更是他对王子垫的期许。

毓老师说："'居仁由义'，立身依仁，'依于仁'(《论语·述而》)；行事由义，'无适也，无莫也，义与之比'(《论语·里仁》)，'大人者，与天地合其德'，由'士'到'大人'了，故曰'大人之事备矣'! 士，尚志、依仁、由义。学大人之志，自此入手。"(《毓老师说孟子》)

陈明哲教授告诫跟他学习的企业家，要做现代的"士"。

13.34　孟子曰："仲子，不义与之齐国而弗受，人皆信之。是舍箪食豆羹之义也。人莫大焉亡亲戚、君臣、上下。以其小者信其大者，奚可哉?"

"仲子"，即陈仲子，他在《孟子·滕文公下》中就出现过。他是齐国贵族的后代，因看不惯当时齐国政坛的贪污腐败，扔下母亲、兄长，隐居山林了。

孟子说:"仲子这个人,假如不合道义,你就是把齐国送给他,他也不会接受,人们都相信他的这一点。但仲子之义充其量只是舍弃一筐饭、一碗汤的小义。抛弃了亲戚、君臣、上下关系,这是最大的罪过。因为有小义而相信他有大节,怎么可以呢?"

陈仲子"非义不食,非义不居",可谓洁身自好,独善其身,但孟子认为这只是小义。小义不能代表大节。

在《论语·微子》中,面对长沮、桀溺两位隐士的调侃,孔子怃然曰:"鸟兽不可与同群,吾非斯人之徒与而谁与?天下有道,丘不与易也。"孔子艰难探索,追求的是大义。

赵岐注:"章指言:事有轻重,行有小大,以大包小可也,以小信大,未之闻也。"(《孟子章句》)

> 13.35 桃应问曰:"舜为天子,皋陶(yáo)为士,瞽瞍杀人,则如之何?"
>
> 孟子曰:"执之而已矣。"
>
> "然则舜不禁与?"
>
> 曰:"夫舜恶得而禁之?夫有所受之也。"
>
> "然则舜如之何?"
>
> 曰:"舜视弃天下犹弃敝蹝(xǐ)也。窃负而逃,遵海滨而处,终身诉(xīn)然,乐而忘天下。"

桃应是孟子的另一个学生。他假设了一个剧情,想难住老师。

舜是孝子，皋陶是上古清正廉洁的大法官，瞽瞍是舜的父亲，是有名的坏人。桃应问："舜做天子之时，皋陶做了士官，舜的老爹瞽瞍杀了人，那该怎么办？"

孟子说："把瞽瞍逮捕了。"

桃应问："那样舜不会阻止吗？"

孟子说："舜怎么会阻止呢？皋陶的逮捕权力是他授予的。"

桃应再问："那舜如何处理？"

孟子回答："舜将抛弃天子之位看得和抛弃旧鞋子一般。他会偷偷地背着父亲逃走，在海滨定居下来，快乐得忘掉天下。"

南怀瑾说："这段是孟子与学生之间讨论学问的问题，是辨别中国儒家的思想，属于处理公与私、是与非、善与恶之间的道理。瞽瞍、舜、皋陶，各人的个性，天生如此，而天理、国法、人情，也就是法治、礼（理）治和人之常情。天子犯法与庶民同罪，这是法治；但天子的父亲犯罪，儿子治父亲的罪，在天理上又讲不过去；如果不治罪，又为法所不许，这是理与法产生了矛盾。舜在人情上，必须救自己的父亲，但在公理上必须维持法治的尊严，于是他只有放弃'皇帝'的权位，背了父亲，逃离国境，奉养父亲。那么情、礼（理）、法三方面，比较都可以交待得过去了。"（《孟子与尽心篇》）

难就难在如何处理情、礼（理）、法之间的关系。

赵岐注："章指言：奉法承天，政不可枉，大孝荣父，遗弃天下。虞舜之道，趋将如此，孟子之言，揆圣意也。"（《孟子章句》）

孟子这一章反映出中国古代的平等法治精神。桃应和老师的问答，类似今天课堂上的学术讨论。

13.36 孟子自范之齐，望见齐王之子。喟然叹曰："居移气，养移体，大哉居乎! 夫非尽人之子与?"

地位和环境会改变人的气质。

"范"，齐国的一邑。孟子从范邑到齐国首都，望见了齐王的儿子，其不凡的气质引发了孟子的无限感慨。

"居移气，养移体"，所处的地位、环境不同，则气度因此而异；培养的方式不同，则身体因之而异。人居处环境的影响实在是太大了。"夫非尽人之子与?"他难道不也是人家的儿子吗?

孟子曰："王子宫室、车马、衣服，多与人同，而王子若彼者，其居使之然也。况居天下之广居者乎? 鲁君之宋，呼于垤 (dié) 泽之门。守者曰：'此非吾君也，何其声之似我君也?' 此无他，居相似也。"

此处的"孟子曰"三字，朱熹以为是衍文。我倒以为是少了一个"又"字，"孟子又曰"，因下一句还是上一句的重复，"又"突出了孟子的"喟然"之情。

孟子又曰："王子的住所、车马和衣服多半和别人相同，为什么王子却像那样呢? 是他居住的环境使然。""况居天下之广居者乎?"孟子在此处进一步发挥，"天下之广居"，以广阔的天下为自己的居所。孟子认为，齐王之子在王宫之中才成长成那样。那么，如果是一个以"天下之广居"的人，他会成长成什么样子呢?

赵岐注："况居广居，谓行仁义，仁义在身，不言而喻也。"（《孟子章句》）

"居天下之广居者"，以天下为己任。

孟子再举一例，从王子到一国国君。他说："鲁君到宋国去，在宋城的东南门呼喊开门，守门者说：'他不是我的君主，为什么他的声音几乎和我的君主一样呢？'""此无他，居相似也。"

"居"，住处也。身之所居，心之所处。身心安放处，决定了一个人的体质、气度。

南怀瑾说："这个'居'，不只是指房屋，实际上是指整个大环境，它对人的影响力量太大了。这个大的环境，就是学问、思想；有真学问、真修养，就是'居天下之广居'。宇宙在我，万化由心，人生顶天立地，还受什么外在物质居住环境的拘束！也就是说，真正有了学问、修养，就不受任何环境、物质的影响，这就是大丈夫。"（《孟子与尽心篇》）

赵岐曰："章指言：舆服器用，人用不殊，尊贵居之，志气以舒。是以居仁由义，盎然内优，胸中正者，眸子不瞀也。"（《孟子章句》）

13.37　孟子曰："食而弗爱，豕交之也；爱而不敬，兽畜之也。恭敬者，币之未将者也。恭敬而无实，君子不可虚拘。"

春秋战国时期，诸侯对待士人，大多"好贤而无实"，养士而无用。养士多是追赶时髦。

　　所以孟子感慨："供给饮食而不爱他，等于养猪；爱他而不敬他，等于畜养兽。恭敬的心，在未送礼物之前就该具有。如果只有恭敬的形式，而无内在的诚意，君子是不可能为这种虚假的礼仪而留下来的。"

　　赵岐注："恭敬贵实，如其无实，何可虚拘致君子之心也。"他又注："取人之道，必以恭敬，恭敬贵实，虚则不应，实者谓爱敬也。"（《孟子章句》）

　　孟子曾说："士尚志。"士者，善行仁义。但现在是"列国诸侯，惟知厚币以招士，而不知有待士之诚，士惟知币聘之为荣，而不知有自重之节，故孟子警之如此"（《张居正讲评〈孟子〉》）。

13.38　孟子曰："形色，天性也。惟圣人然后可以践形。"

　　赵岐注："形，谓君子体貌尊严也。《尚书·洪范》'一曰貌'。色，谓妇人妖丽之容，《诗》云'颜如舜华'。此皆天假施于人也。"他又注："践，履居之也。《易》曰'黄中通理'。圣人内外文明，然后能以正道履居此美形，不言居色主名，尊阳抑阴之义也。"（《孟子章句》）

　　"君子黄中通理，正位居体，美在其中而畅于四支，发于事业，美之至也。"（《易经·坤卦》）

　　人的形体容貌，皆来自天性。唯有圣人，能尽其性，"诚于中，形于外"，把天赋的本性完全表露出来，既尽善又尽美。

　　焦循曰："按此章乃孟子言人性之善异乎禽兽也。形色即是天性，禽兽之形色不同乎人，故禽兽之性不同乎人。惟其为人之形、人之色，所以为人之性。圣人尽人之性，正所以践人之形。苟拂乎人性之善，则以人之形而入于禽兽，不践形矣。孟子此章言性，至精至明。"（《孟子正义》）

践行大道至极致，乃圣人之"践形"。

> **13.39**　齐宣王欲短丧。公孙丑曰："为期之丧，犹愈于已乎？"
>
> 　　孟子曰："是犹或紾（zhěn）其兄之臂，子谓之姑徐徐云尔，亦教之孝弟而已矣。"

这一章孟子开始讲教化了。教化之首，莫过于孝悌。

"齐宣王欲短丧。"看来齐宣王是改革派，他想改变父母离世后，后代守丧三年的习俗。

孟子的学生公孙丑听闻后，对老师说："服丧一年，总比不服丧好一些吧？"公孙丑的意思是，总比他取消服丧风俗要好多了吧。

但孟子不这样看，他举例说明："就像有人要扭断你哥哥的胳膊，你却说，哥哥你别怕疼，我慢慢地给你扭。""亦教之孝弟而已矣"，服丧礼的本质是让天下人懂得应以孝悌为本，而不是时间长短的问题。

让我们再回看一下《论语·阳货》。宰我问："三年之丧，期已久矣。君子三年不为礼，礼必坏；三年不为乐，乐必崩。旧谷既没，新谷既升，钻燧改火，期可已矣。"子曰："食夫稻，衣夫锦，于女安乎？"曰："安。""女安则为之！夫君子之居丧，食旨不甘，闻乐不乐，居处不安，故不为也。今女安，则为之！"宰我出。子曰："予之不仁也！子生三年，然后免于父母之怀。夫三年之丧，天下之通丧也。予也，有三年之爱于其父母乎？"

孔子认为宰我"不仁"。

> 　　王子有其母死者，其傅为之请数月之丧。公孙丑曰："若此者，何如也？"
>
> 　　曰："是欲终之而不可得也。虽加一日愈于已，谓夫莫之禁而不为者也。"

有一个王子死了生母，因其生母是妾，按齐礼，王子不能为其母守三年之丧。这位王子的师傅专门向王请求，延长王子守丧的期限。

公孙丑问老师如何看这件事。孟子说："这是因为这位有孝心的王子想为其母守丧三年却办不到。即使多守孝一日，也比不守孝好。"孟子最后说："我是对那些没有人禁止他服丧，却不去服丧的人说的。"

我们现在读这段经典，不是要讨论古礼守丧的长短期限是否合理，而是要反省我们应如何把中华优秀的孝悌文化传承下去。

> 　13.40　孟子曰："君子之所以教者五：有如时雨化之者，有成德者，有达财者，有答问者，有私淑艾者。此五者，君子之所以教也。"

孟子认为自己的教学方法，有五种。

第一种，"有如时雨化之者"。"时雨"，及时之雨。"化"，点化。朱熹注："草木之生，播种封植，人力已至而未能自化，所少者，雨露之滋耳。及此时而雨之，则其化速矣。教人之妙，亦犹是也。若孔子之于颜（回）曾（子）是已。"（《四书章句集注》）

第二种，"有成德者"。顺着他固有的德性教之，使他有所成就。朱熹举例，"如孔子之于冉闵"（《四书章句集注》）。

第三种，"有达财者"。"财"，通"才"。培养他的才能。朱熹举例，"如孔子之于由赐"（《四书章句集注》）。

第四种，"有答问者"。就其所问而回答，以解疑释惑。朱熹举例，"如孔孟之于樊迟、万章也"（《四书章句集注》）。

第五种，"有私淑艾者"。"淑"，同"叔"，拾也。"艾"，同"刈"，取也。蒋伯潜曰："'淑艾'二字同义叠用，'私淑艾'就是'私淑'。言未亲受业，而间接地私取诸人。"（《新刊广解四书读本》）孟子自言："予未得为孔子徒也，予私淑诸人也。"（《孟子·离娄下》）朱熹自认为是程子的私淑弟子。

13.41 公孙丑曰："道则高矣，美矣，宜若登天然，似不可及也。何不使彼为可几及而日孳孳也?"

从公孙丑这一问，就知道他是一个什么样的学生了。他和许多人一样，知道大道很高、很美，但是人要是真正追求道，犹如登天一样，好像高不可及。他问孟子，既然上天有道，也希望人人都能得道，"何不使彼为可几及而日孳孳也"？

公孙丑不想下苦功，想走捷径，向老师提问："为什么不使道成为轻易可得的目标，从而使人勤勉不怠地追求呢？"

孟子曰："大匠不为拙工改废绳墨，羿不为拙射变其彀率。君子引而不发，跃如也。中道而立，能者从之。"

孟子说："高明的工匠不会因为徒弟笨拙就改变、废掉规矩，神射手后羿不会因为徒弟笨拙就变更拉弓的标准。"道就在那里，它不会因人而异。如跳高运动，你要跨越两米，两米的栏杆不会因为你个子矮、能力弱，就降下来迁就你。

孟子这段话，其实是在讲自己的教学方法。他说："君子教人得道，正如教人射箭，张满了弓却不发箭。他在大道中央站立，只要是能者，自然会跟从他。"

自己不想学习，不想行动，即使有孔子、孟子做你的老师，也没用。

朱熹注："'彀率，弯弓之限也。言教人者，皆有不可易之法，不容自贬以殉学者之不能也。'引，引弓也。发，发矢也。跃如，如踊跃而出也。因上文彀率，而言君子教人，但授以学之之法，而不告以得之之妙，如射者之引弓不发矢，然其所不告者，已如踊跃而见于前矣。中者，无过不及之谓。中道而立，言其非难非易。能者从之，言学者当自勉也。此章言道有定体，教有成法；卑不可抗，高不可贬；语不能显，默不能藏。"（《四书章句集注》）

485

戴震云："颜子喟然叹曰：'仰之弥高，钻之弥坚，瞻之在前，忽焉在后。'公孙丑曰：'道则高矣美矣，宜若登天然，似不可及也。何不使彼为可几及而日孳孳也？'今谓人伦日用举凡出于身者谓之道，但就此求之，得其不易之则可矣，何以茫然无据又若是与？曰：孟子言'夫道若大路然，岂难知哉'，谓人人由之。如为君而行君之事，为臣而行臣之事，为父为子而行父之事，行子之事，皆所谓道也。君不止于仁，则君道失；臣不止于敬，则臣道失；父不止于慈，则父道失；子不止于孝，则子道失。然则尽君道、臣道、父道、子道，非智仁勇不能也。质言之，曰'达道'，曰'达德'；精言之，则全乎智仁勇者，其尽君道、臣道、父道、子道，举其事而亦不过谓之道。故《中庸》曰：'大哉圣人之道！洋洋乎，发育万物，峻极于天。优优大哉！礼仪三百，威仪三千，待其人而后行。'极言乎道之大如是，岂由人伦日用外哉！以至道归之至德之人，岂下学所易窥测哉！今以学于圣人者，视圣人之语言行事，犹学弈于弈秋者，若能测弈秋之巧也，莫能遽几及之也。颜子之言又曰：'夫子循循然善诱人，博我以文，约我以礼。'《中庸》详举其目，曰博学、审问、慎思、明辨、笃行，而终之曰：'果能此道矣，虽愚必明，虽柔必强。'盖循此道以至乎圣人之道，实循此道以日增其智、日增其仁、日增其勇也，将使智仁勇齐乎圣人。其日增也，有难有易，譬之学一技一能，其始日异而月不同；久之，人不见其进矣；又久之，己亦觉不复能进矣。人虽以国工许之，而自知未至也。颜子所以言'欲罢不能，既竭吾才，如有所立，卓尔，虽欲从之，末由也已'，此颜子之所至也。"（《孟子字义疏证》）

13.42 孟子曰：“天下有道，以道殉身；天下无道，以身殉道。未闻以道殉乎人者也。”

“殉”，从也。赵岐注：“天下有道，得行王政，道从身施功实也。天下无道，道不得行，以身从道，守道而隐。不闻以正道从俗人也。”焦循曰：“穷达卷舒，屈伸异变，变流从顾，守者所慎，故曰金石独止，不徇人也者也。”（《孟子正义》）

“未闻”，从没听说过。朱熹注：“‘殉，如殉葬之殉，以死随物之名也。身出则道在必行，道屈则身在必退，以死相从而不离也。未闻以道殉乎人者也。’以道从人，妾妇之道。”（《四书章句集注》）

《易经·观卦》曰：“观天之神道，而四时不忒。圣人以神道设教，而天下服矣。”

《易经·观卦》曰：“观我生进退，未失道也。”

毓老师说：“‘天下有道’，天下有道时，‘以道殉身’，我即道的表率。把道化于我身上，我就是道的化身。道就是我，我就是道。‘天下无道’，天下无道时，无人弘道，即道亡，得‘人能弘道’‘以身殉道’，为道牺牲，我为道的象征，‘杀身以成仁’。‘未闻以道殉乎人者也’，为某人而牺牲了道，此‘以道殉人’，枉道，偏离正道以迁就他人，助人为恶者。”（《毓老师说孟子》）

13.43 公都子曰：“滕更之在门也，若在所礼而不答，何也？”

孟子曰：“挟贵而问，挟贤而问，挟长而问，挟有勋劳而问，挟故而问，皆所不答也。滕更有二焉。”

"滕更"，滕国君王的弟弟。他来到孟子门下，想跟着孟子学点东西。

孟子的学生公都子问老师："滕更也在您的门下学习，好像应在礼待之列，您却不回答他的问题，这是为什么？"

公都子的问话传达出很多信息。

孟子回答说："倚仗尊贵来问，倚仗贤能来问，倚仗年长来问，倚仗功勋来问，倚仗故交来问，这五种都是我不会回答的。滕更占了其中的两条。"

现在还有多少老师，有孟子的师者气节？

朱熹注："君子虽诲人不倦，又恶夫意之不诚者。"（《四书章句集注》）

13.44　孟子曰："于不可已而已者，无所不已。于所厚者薄，无所不薄也。其进锐者，其退速。"

"已"，止也。孟子说："不可停止的事竟然停止了，说不做就不做，那（以后）无论什么事，都可以停止了。"

赵岐另解曰："已，弃也。于义所不当弃而弃之，则不可。所以不可而弃之，使无罪者咸恐惧也。"（《孟子章句》）

"于所厚者薄，无所不薄也。"对该厚待的人你都刻薄，那你就"无所不薄"了。何为"厚者"？你应该厚待之人：你的亲人，你的恩人，你的师长。

"其进锐者，其退速。"前进太快的人，后退也快。

急于求成，必然后继无力。无论是学习，还是做事，要有恒心、有耐力。

▌ **13.45** 孟子曰："君子之于物也，爱之而弗仁；于民也，仁之而弗亲。亲亲而仁民，仁民而爱物。"

孟子说："君子对于世间万物，爱惜它们却不仁慈；对于百姓，仁爱他们却不亲近。先亲爱自己的亲人，然后仁爱百姓，由仁爱百姓再到爱惜万物。"

孟子的说法明显区别于墨子的"兼爱"主张。孟子认为人的情感由近及远，由亲及疏，由人及物。"老吾老以及人之老，幼吾幼以及人之幼"，直至"物吾同胞"，世界大同。

"亲亲""仁民""爱物"，传统的"仁爱"精神。

▌ **13.46** 孟子曰："知者无不知也，当务之为急；仁者无不爱也，急亲贤之为务。尧、舜之知而不遍物，急先务也；尧、舜之仁不遍爱人，急亲贤也。不能三年之丧，而缌（sī）、小功之察；放饭流歠（chuò），而问无齿决：是之谓不知务。"

"当务之为急"，当前最重要、最急需解决的事。

孟子说："智慧之人，没有他不知道的，但以当前在做的事务最为紧要；仁慈之人，没有他不爱的，但以亲近贤能之人最为紧要。"

事有轻、重、缓、急，一个有智慧之人，关键是要能应对纷繁复杂的变化，知道当下最需要做什么，要抓主要矛盾，抓住最关键的问题。

连尧、舜这样智慧、仁爱的人都是这样。

孟子举了两个例子，譬如丧服，按照古礼，三年之丧重服；缌麻三月、小功五月，轻服。他说："不能服三年的丧期，却对缌麻三月、小功五月的丧期仔细推敲。"

"齿决"，啮断干肉。在长者面前啮断干肉，是不礼貌的行为。孟子说："在尊敬的长辈面前大吃大喝，自己不以为然，却对不要用牙齿啮断肉干这种小礼节特别讲究。"孟子说这就叫"不识务"，不识大体。

朱熹注："此章言君子之于道，识其全体，则心不狭；知所先后，则事有序。"（《四书章句集注》）

自省吾身

自省吾身

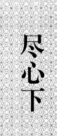

尽心下

14.1 　孟子曰："不仁哉，梁惠王也！仁者以其所爱及其所不爱，不仁者，以其所不爱及其所爱。"

公孙丑问曰："何谓也？"

"梁惠王以其土地之故，糜烂其民而战之，大败；将复之，恐不能胜，故驱其所爱子弟以殉之，是之谓以其所不爱及其所爱也。"

在《孟子·梁惠王上》中，孟子曾不厌其烦地和梁惠王讨论"仁政"的问题，还得出"仁者无敌"的结论，提醒梁惠王："王请勿疑！"

这章开头便说："不仁哉，梁惠王也！"

朱熹注："亲亲而仁民，仁民而爱物，所谓以其所爱及其所不爱也。"（《四书章句集注》）

公孙丑问老师为什么这样评价梁惠王。

孟子说："梁惠王为了争夺土地，驱使百姓去打仗，使他们尸骨糜烂。打败了，还要再战，怕不能胜利，又驱使他所爱的子弟上战场，最后都战死了。"这就是他的不仁："以其所不爱及其所爱也"。

为了不正义的争夺，都能驱使自己所爱的子弟到战场送死，这样的人，能说他仁义吗？朱熹注："仁人之恩，自内及外；不仁之祸，由疏逮亲。"（《四书章句集注》）

14.2 　孟子曰："春秋无义战。彼善于此，则有之矣。征者，上伐下也，敌国不相征也。"

"春秋无义战"，这是孟子对春秋时期战争的评价。春秋时期没有正义的战争。

"彼善于此，则有之矣"，那一个国家比这一个国家好一点，是有的。

"征者，上伐下也，敌国不相征也。"春秋时期周天子还在，而"征"是上级讨伐下级，诸侯国是同等的，同等的国家之间是不能互相征讨的。

朱熹注："征，所以正人也。诸侯有罪，则天子讨而正之，此《春秋》所以无义战也。"（《四书章句集注》）春秋时期，战争几乎都是诸侯之间相互发起的，至于春秋五霸，更是挟天子以令诸侯，他们通过战争获取霸主的地位。

14.3　孟子曰："尽信《书》，则不如无《书》。吾于《武成》，取二三策而已矣。仁人无敌于天下，以至仁伐至不仁，而何其血之流杵也？"

"尽信《书》，则不如无《书》"，此处的"《书》"指《尚书》，但也可以理解为泛指的书。"尽"，全部也。《书》上说什么，你就信什么。这样的话，真还不如没有《书》。

孟子自己是怎么做的？"吾于《武成》，取二三策而已矣。"《武成》，《尚书》中的一篇。"武王伐殷。往伐归兽，识其政事，作《武成》。"（《尚书·武成序》）"策"，书写文字的竹简。孟子举例说："我对于《尚书·武成》一篇，不过取其中的二三页罢了。"

如果大家都认同"仁者无敌于天下",武王是一位仁者,那么他以仁义之师讨伐不仁的商纣王,怎么会杀得血流漂杵呢?

《尚书·武成》中写道:"会于牧野,罔有敌于我师。前徒倒戈,攻于后以北,血流漂杵。""杵",舂杵也。如果武王杀人如麻,那他还仁吗?你还能"尽信《书》"吗?

任何时候都不要丧失自己独立思考的能力。读书是为了启发自己、观照自己。

14.4 孟子曰:"有人曰:'我善为陈,我善为战。'大罪也。

"陈",同"阵"。有人说:"我善为陈,我善为战。"孟子说:"大罪也。"

"国君好仁,天下无敌焉。南面而征,北夷怨;东面而征,西夷怨,曰:'奚为后我?'武王之伐殷也,革车三百两,虎贲三千人。王曰:'无畏!宁尔也,非敌百姓也。'若崩厥角稽首。征之为言正也,各欲正己也,焉用战?"

孟子多次强调自己的这一观点。国君要好仁,不要好战。

如果迫不得已要发动战争,那也要为正义而战!他举例说明,武王伐纣。

孟子说:"武王讨伐殷纣时,只有兵车三百辆,勇士三千人。武王对殷纣的老百姓说:'不要害怕,我是来安抚你们的,不是来与你们为敌的。'武王一到,老百姓额角触地、叩头不止。"

"征",正人也。以己之正,正人之不正。"子帅以正,孰敢不正?"(《论语·颜渊》)孟子说:"各人都希望端正自己,哪里还需要战争?"

14.5　孟子曰:"梓、匠、轮、舆能与人规矩,不能使人巧。"

孟子说:"梓人、匠人、轮人、舆人,只能传授学徒规矩,却不能使人巧妙。"规矩可以言传,巧妙全靠自修。

赵岐注:"章指言:规矩之法,喻若典礼,人不志仁,虽诵典宪,不能以善。善人修道,公输守绳,政成器美,惟度是应,得其理也。"(《孟子章句》)

14.6　孟子曰:"舜之饭糗(qiǔ)茹草也,若将终身焉。及其为天子也,被袗(zhěn)衣,鼓琴,二女果,若固有之。"

孟子说:"舜吃干粮、啃野菜时,打算终身就这样了。等他做了天子,穿着麻葛单衣,弹着琴,尧的两个女儿伺候着,他也觉得生活本来如此。"

"素贫贱行乎贫贱,素富贵行乎富贵。"(《中庸》)

蒋伯潜曰:"'若将终身焉'者,言其安贫自得;'若固有之'者,言其行所无事,不改常态。"(《新刊广解四书读本》)

朱熹注:"圣人之心,不以贫贱而有慕于外,不以富贵而有动于中,随遇而安,无预于己,所性分定故也。"(《四书章句集注》)

14.7　孟子曰:"吾今而后知杀人亲之重也。杀人之父,人亦杀其父;杀人之兄,人亦杀其兄。然则非自杀之也,一间耳。"

孟子这段话讲的是因果报应。

孟子说:"我从今而后知道杀害别人亲人的严重性了。"孟子因为什么有感而发?我们不清楚。

他接着说:"杀了别人的父亲,别人也会杀他的父亲;杀了别人的哥哥,别人也会杀他的哥哥。"

这句话特别重要。孟子说:"纵使父亲和哥哥不是自己杀的,但也和自己杀的差不多了。"赵岐注:"我往彼来,间一人耳,与自杀其亲何异哉!"(《孟子章句》)所以,朱熹引范氏注曰:"知此则爱敬人之亲,人亦爱敬其亲矣。"(《四书章句集注》)

赵岐注:"章指言:恕以行仁,远祸之端。暴以残民,招咎之患。是以君子好生恶杀,反诸身也。"(《孟子章句》)

14.8　孟子曰："古之为关也，将以御暴；今之为关也，将以为暴。"

孟子说："古代设立关口，是为了抵御暴力；今天设立关口，是为了侵略别人。"

14.9　孟子曰："身不行道，不行于妻子；使人不以道，不能行于妻子。"

孟子的话常常从日常生活说起，从人性说起，句句在理。

蒋伯潜曰："此言自身不行道，即不能使其道行于妻子；使令人而不以道，则其命令不能行于妻子。妻子且然，更不必论他人了。"（《新刊广解四书读本》）

《大学》讲道，先"正心""诚意"，才有"修身""齐家"，后有"治国""平天下"。先做好自己，才能影响家人。"其身不正，虽令不从。"（《论语·子路》）

《诗经·大雅·思齐》云："刑于寡妻，至于兄弟，以御于家邦。"

"君子务本，本立而道生。"（《论语·学而》）

一个真正的悟道者、行道者，一定会反求诸己，做人做事从修身正己入手，是妻子、儿女的典范；在工作中也一身正气，影响自己能影响到的人，行大道，干正事。

赵岐注："身不自履行道德，而欲使人行道德，虽妻子不肯行之。"又注："章指言：率人之道，躬行为首。"（《孟子章句》）

14.10 孟子曰:"周于利者,凶年不能杀;周于德者,邪世不能乱。"

朱熹注:"周,足也。言积之厚则用有余。"(《四书章句集注》)

蒋伯潜曰:"言积财足者,虽遇凶年,不至饿杀。积德足者,虽处邪世,不能乱他的志也。"(《新刊广解四书读本》)

一个人,如果平时注意处理各种利益关系,乐于接济别人,让利于别人,即使以后遇到灾难之年,也不用害怕。

积德之人,积善之家,日后必有余庆。

以天下之利为利的企业,万古而长青。

14.11 孟子曰:"好名之人能让千乘之国,苟非其人,箪食、豆羹见于色。"

孟子说:"真正珍爱名声的人能把一个千乘之国心甘情愿地让给别人;如果不是真的能看轻富贵的人,一箪食、一豆羹的得失都会从他的脸上表露出来。"

何为"好名"?

陆贾云:"功垂于无穷,名传于不朽。"(《新语·辅政》)真正的好名之人,追求不朽之名。

赵岐注:"章指言:廉贪相殊,名亦卓异,故闻伯夷之风,懦夫有立志也。"(《孟子章句》)

14.12　孟子曰："不信仁贤，则国空虚；无礼义，则上下乱；无政事，则财用不足。"

"不信仁贤，则国空虚"，韩非子曰："亡国之廷，无人焉。"（《韩非子·有度》）

"君不能使臣，虽有城郭，名曰虚邑。"（《春秋繁露·立元神》）

"无礼义，则上下乱"，没有礼义，上下秩序一定会混乱。"上无礼，下无学，贼民兴，丧无日矣。"（《孟子·离娄上》）

"无政事，则财用不足"，一个国家，不施善政，它哪来的财用？

"信仁贤"、倡"礼义"、举"政事"，治理国家如此，运营企业也一样。

14.13　孟子曰："不仁而得国者，有之矣；不仁而得天下，未之有也。"

孟子说："不仁而能得到一个国家的，有这样的事；不仁却能得到天下的，不曾有过。"

通过"霸道"，可以征服一个国家；但通过"霸道"，不可能征服天下。"王道"，以仁德服天下。

春秋时期诸侯争霸，孟子能在当时的政治环境下说出这样的哲理名言，需要多大的智慧和勇气呀！

毓老师说："'不仁而得国者，有之矣'，历代家天下，父死子继，兄终弟及，不必有仁、有德。"（《毓老师说孟子》）

"不仁而得天下，未之有也。"天下是天下人的天下。

▌ 14.14 孟子曰："民为贵，社稷次之，君为轻。

"社"，土神。"稷"，谷神。"社稷"，代表国家。"民为贵，社稷次之，君为轻"，这是孟子重要的"民贵"思想。

孟子说："老百姓最重要，国家次之，君主为轻。"这是孟子的主张。但是，在中国封建专制的几千年中，现实多与孟子的理想相反：君为贵，社稷次之，民为轻。

▌ "是故得乎丘民而为天子，得乎天子为诸侯，得乎诸侯为大夫。诸侯危社稷，则变置。

得民心者得天下。能得到老百姓的心，可为天子；能得到天子的心，可以封为诸侯；能得到诸侯的心，可以任命为大夫。归根结底是为了人民。"圣人无常心，以百姓心为心"（《道德经》），老百姓高兴不高兴，满意不满意，决定了一切。

诸侯危害国家，就要改立。

▌ "牺牲既成，粢（zī）盛既絜，祭祀以时，然而旱干水溢，则变置社稷。"

蒋伯潜曰："'牺牲'是祭祀用的牲畜，'粢盛'是祭品，黍稷叫做'粢'，在器中的食物叫做'盛'。如果祭祀的牛羊已经肥硕齐备，祭祀的饭食已经清洁，祭祀是按着时候举行的，然而社稷之神却不能保佑这个国家，而有水旱之灾，那么就当毁坏旧的社稷坛，另置新社稷坛以奉祀之，以为神不能保护人民之惩罚。这是说明社稷轻于人民的道理。"（《新刊广解四书读本》）

由此看来，孟子是彻彻底底的"民本"主义者。蒋伯潜又曰："世界各国，都经过神权政治的阶段。只有中国古代，虽奉神权，然以人民为神的代表。如《尚书·皋陶谟》言：'天工，人其代之。'《秦誓》言：'天视自我民视，天听自我民听。'是天子虽尊贵，仍须受人民之监督也。孟子此言，固为当时视民如草芥的国君而发，然而正合近世民权的真谛。"（《新刊广解四书读本》）

孟子还说："桀纣之失天下也，失其民也。失其民者，失其心也。得天下有道，得其民，斯得天下矣。"（《孟子·离娄上》）

刘鄂培说："我们设想：终有一天，官员自觉地认识到自己是人民雇来的'公仆'；人民也自觉地认识到自己是国家的'主人'，此时，也就是中国进入现代民主之日。"（《孟子大传》）

14.15 孟子曰："圣人，百世之师也，伯夷、柳下惠是也。故闻伯夷之风者，顽夫廉，懦夫有立志；闻柳下惠之风者，薄夫敦，鄙夫宽。

孟子说："圣人，是百代的老师。"人们称孔子"万世师表"。

为什么圣人能做百代的老师？因为时代虽在发展，但人性不会变。伯夷、柳下惠等圣贤的一言一行，永远激励着一代又一代的人。

人是情理动物，会见贤思齐。人最大的本领是善于学习。所以，孟子说："听说了伯夷风范，贪得无厌的人也会变得清廉，懦弱的人也会树立起坚强的意志；听说了柳下惠风范，刻薄的人也会变得敦厚，心胸狭窄的人也会变得宽广。"

"先觉觉后觉"，先觉者激励后来者。

"奋乎百世之上，百世之下，闻者莫不兴起也。非圣人而能若是乎？而况于亲炙之者乎？"

孟子总结道："自己奋发有为于百代之前，百代之后听闻的人没有不被激励而行动的。如果不是圣人，能够过去这么长时间还鼓舞后人吗？"

"而况于亲炙之者乎？"何况是直接受到圣人熏陶的人呢？

14.16　孟子曰："仁也者，人也。合而言之，道也。"

《中庸》也云："仁者，人也。"

蒋伯潜曰："儒家的中心学说，就是一个'仁'字。仁者，就是所以为人的道理。'合而言之'者，合仁与人言之；人而能仁，就是'道'也。"蒋伯潜又解曰："按'仁'字古文为'忈'，从千从心会意，是说

一千个人，都同此一心也。"（《新刊广解四书读本》）

人人都有一颗仁心，所以人人都可以成尧、舜。

朱熹注："人也之下，有'义也者宜也，礼也者履也，智也者知也，信也者实也。'"（《四书章句集注》）

赵岐注："仁恩须人，人能宏道也。"（《孟子章句》）

毓老师说："'仁者，人也'，是人性的表现。'仁'，二人相偶，与人处得好，即仁。'合而言之，道也'，仁与人合言，就是道。'道也者，不可须臾离也；可离，非道也'（《中庸》），'率性之谓道'，按人性做事，不'人之为道'，是人性的表现。"

毓老师又说："人人皆有人性，都想过上美好的生活，不要做违背良知的事，而侵害了'仁'。人要深省，常生惭愧心，才能进步。仁者爱人，仁者无不爱也。'仁者无敌'，多美的思想！应再造华夏思想，'以夏学奥质，寻拯世真文'，为人类谋幸福。"（《毓老师说孟子》）

只有仁者，才能说出这么好听动人的言辞！

14.17　孟子曰："孔子之去鲁，曰：'迟迟吾行也。'去父母国之道也。去齐，接淅（xī）而行，去他国之道也。"

圣人也是人，圣人也有七情六欲，圣人也留恋自己的故国以及在故国所从事的事业。

孟子说："孔子离开鲁国时，说：'我们慢慢走吧。'这是离开祖国之道。而他离开齐国时，便不等米淘完就走了，这是离开他国之道。"

孟子的这段话，在前文出现过。此处又重复了一次。

14.18 孟子曰："君子之厄于陈、蔡之间，无上下之交也。"

"厄"，困也。"交"，交往也。"君子"，此处特指孔子。

司马迁曰："孔子在陈、蔡之间，楚使人聘孔子，孔子将往拜礼。……乃相与发徒役围孔子于野，不得行。"（《史记·孔子世家》）

荀子离孔子的时代更近，荀子曰："孔子南适楚，厄于陈、蔡之间，七日不火食，藜羹不糁，弟子皆有饥色。"（《荀子·宥坐》）

孟子说："孔子被困在陈国、蔡国之间，是因为他和这两国的君臣都没有交往。"

赵岐注："君子固穷，穷不变道。上下无交，无贤援也。"（《孟子章句》）

14.19 貉稽曰："稽大不理于口。"
孟子曰："无伤也。士憎兹多口。

"貉稽"，人的姓名。"理"，顺也。

貉稽对孟子说："我被众人说得很坏。"

"无伤也"，没有关系。

"士憎兹多口。"众口难调，士人厌恶这种多嘴多舌。

■ "《诗》云：'忧心悄悄，愠于群小。'孔子也。

这句诗出自《诗经·邶风·柏舟》。赵岐注："'忧心悄悄'，忧在心也。'愠于群小'，怨小人聚而非议贤者也。孔子论此诗，孔子亦有武叔之口，故曰孔子之所苦也。"（《孟子章句》）即使像孔子这样的圣贤，也有人说三道四。

南怀瑾说："'忧心悄悄'，心里担忧天下国家事，但这种忧虑，只能悄悄摆在心里，讲不出来，没有办法可对人坦言。不但如此，并且还经常碰到一般的小人反对他，从各种角度来批评他，这就是'愠于群小'。"（《孟子与尽心篇》）

一个好人，不要乞求所有的人都说你好。好人会说你好，坏人会说你坏。

■ "'肆不殄（tiǎn）厥愠，亦不殒（yǔn）厥问。'文王也。"

"肆"，发语词。"殄"，绝也。"殒"，失坠的意思。"问"，同闻，声闻也。蒋伯潜曰："言虽不能殄绝小人的怨恨，然而也不至于丧失文王的令闻也。"（《新刊广解四书读本》）

朱熹注："本言太王事昆夷，虽不能殄绝其愠怒，亦不自坠其声问之美。孟子以为文王之事，可以当之。尹氏曰：'言人顾自处如何，尽其在我者而已。'"（《四书章句集注》）

一个正直、善良的人，如何面对小人的讪笑呢？孟子举了孔子、文王的例子。

　　毓老师说："'肆不殄厥愠，亦不殒厥问'，既不能消除对方的怒，那就尽其在我！做人做事，只要尽其在我，但求无愧于心，又何必在乎别人议论、说三道四！"（《毓老师说孟子》）

　　永嘉大师的《证道歌》云："从他谤，任他非，把火烧天徒自疲，我闻恰似饮甘露，销融顿入不思议。"

▌14.20　孟子曰："贤者以其昭昭，使人昭昭；今以其昏昏，使人昭昭。"

　　"昭昭"，明也。"昏昏"，暗也。孟子说："真正贤达的人，必先使自己彻底明白了，然后才去使别人明白；今天的所谓'贤达'，自己还模模糊糊，却想用这一知半解去教导别人。"

　　蒋伯潜曰："贤者，先自明其明德，然后以先知觉后知，以先觉觉后觉，教人也明白。今日在位的人，自己已是昏昏，不明义理，只知贪污自私，却要教人明白义理，奉公守法，岂可得乎？"（《新刊广解四书读本》）蒋先生的话真是说到点子上了。

　　《易经·晋卦》曰："明出地上，晋。君子以自昭明德。"自明，才能明人。

　　南怀瑾说："'贤者'，高明的人，就是佛家开悟的人。'昭昭'是自己明明白白，使他人也明白，也就是自觉觉他。而现在的人，自己还是'昏昏'的，还去教人跟着他的样子去开悟，以此'误'而教人'悟'，那可能吗？被教的人也误以为误即是悟，那真是误上加误了。"

（《孟子与尽心篇》）

> **14.21** 孟子谓高子曰："山径之蹊间，介然用之而成路。为间不用，则茅塞之矣。今茅塞子之心矣。"

"山径之蹊间"，谓山间兽蹄所经，非人行之处也。"介然"，谓专一。

孟子告诉高子说："山间野兽经过的空处，只容一个人走，要是经常有人走，就会变成一条大路。只要有一段时间没人走，原有的路又会被茅草堵塞。"

后来鲁迅也说："世上本没有路，走的人多了，也便成了路。"（《故乡》）

"今茅塞子之心矣。"前面是比喻，这一句才是孟子想要告诉高子的："现在茅草已经塞住你的心了。"如果高子能把心中的茅草清理了，则"茅塞顿开"，其心豁然开朗。

做学问犹如走山路，贵在坚持，贵在持之以恒。只要日日勤学，心路就会越来越宽广。若时续时断，则会杂草丛生。

赵岐注："高子，齐人也。尝学于孟子，乡道而未明，去而学于他术。孟子谓之曰，山径，山之领。有微蹊，介然人遂用之不止，则蹊成为路。为间，有间也。谓废而不用，则茅草生而塞之，不复为路。以喻高子学于仁义之道，当遂行之，而反中止，比若山路，故曰茅塞子之心也。"赵岐注："章指言：圣人之道，学而时习，仁义在身，常常被服，舍而不修，犹茅是塞，明为善之不可倦也。"（《孟子章句》）

14.22　高子曰："禹之声，尚文王之声。"

孟子曰："何以言之?"

曰："以追蠡（ㄌ丨）。"

曰："是奚足哉? 城门之轨，两马之力与?"

高子认为禹时期的音乐水准胜过文王时期。孟子问："你这样说的依据是什么?"高子曰："以追蠡。"

"追"，钟钮。"蠡"，啮木虫，钟钮将绝，有似为虫所啮的模样，故叫蠡。高子见"禹之钟钮，如虫啮而欲绝，此必爱慕其音而用之者多，故至于此。若文王之乐则不然，即便见他不及禹处"（《张居正讲评〈孟子〉》）。看高子的依据，那不是没有依据吗?

孟子说："凭这怎么足以证明你的假说? 城门口的车辙非常深，难道是几匹马的力量造成的吗?"朱熹曰："日久车多所致，非一车两马之力，能使之然也。言禹在文王前千余年，故钟久而钮绝；文王之钟，则未久而钮全，不可以此而议优劣也。"（《四书章句集注》）

14.23　齐饥。陈臻曰："国人皆以夫子将复为发棠，殆不可复?"

"齐饥"，齐国遭了饥荒。陈臻对孟子说："齐国的老百姓都以为老师您还会劝齐王打开棠地的粮仓来赈济灾民，您不可能再这样做了吧?"

从陈臻的问话中可知，上次齐国灾荒时，孟子的劝说很成功。

> 孟子曰："是为冯妇也。晋人有冯妇者，善搏虎，卒为善士。则之野，有众逐虎。虎负嵎（yú），莫之敢撄（yīng）。望见冯妇，趋而迎之。冯妇攘臂下车。众皆悦之，其为士者笑之。"

"冯"，姓。"妇"，名。

孟子说："我这样做就成了第二个冯妇。"

孟子为什么要这样说呢？

晋国有个叫冯妇的人，善于打老虎，后来他不打虎了，变成了一名善士。有一次他到郊外，看见有许多人追赶一只老虎。老虎背靠山角，没有人敢靠近它。"望见冯妇，趋而迎之。"老百姓以为这个打虎人不怕送死，都快步上前迎接。"冯妇攘臂下车"，"攘臂下车"四个字把冯妇刻画得活灵活现。冯妇一边捋起袖子，一边下车。"众皆悦之"，大家看冯妇这气势，又恢复了原状，张开架势，准备打虎。"其为士者笑之"，有识之士却嘲笑他。笑他什么？"笑其不知止也。"（《四书章句集注》）

饥荒犹如猛虎。饥年开仓赈济本是齐王分内之事，用孟子重复提醒吗？

争取齐王开仓赈济，本是百姓的义务和权利，大家为什么非要等"冯妇"出现呢？

"冯妇"虽"善搏虎"，必定能屡战屡胜吗？朱熹推测："疑此时齐王已不能用孟子，而孟子亦将去矣，故其如此。"（《四书章句集注》）

为何"其为士者笑之"？做任何事，应审时度势，量力而为。

赵岐注："章指言：可为则从，不可则凶，言善见用，得其时也。非时逆指，犹若冯妇，暴虎无已，必有害也。"（《孟子章句》）

14.24　孟子曰："口之于味也，目之于色也，耳之于声也，鼻之于臭也，四肢之于安佚也，性也。有命焉，君子不谓性也。仁之于父子也，义之于君臣也，礼之于宾主也，知之于贤者也，圣人之于天道也，命也。有性焉，君子不谓命也。"

如果我们真正读懂了这一章，我们就会知道"尽人事以知天命"的真谛，人生也就不会有无谓的烦恼了。

口之于美味，目之于美色，耳之于悦音，鼻之于香气，四肢之于安逸，这是人人都喜欢的，这是人的本性。普通人沉迷其中，一生追逐，不知有止。"有命焉，君子不谓性也"，以上五项人人喜欢，但不是人人都能得到。"生死有命，富贵在天"，能否如愿，却有天命。君子不认为它是天性而求之，必然得之。

父子应行其仁，君臣应行其义，宾主应行其礼，贤者应行其智，圣人应行其天道，这些理所当然，本是命。但普通人不知其命，自己不去做，或者做不好，故不尽性。"有性焉，君子不谓命也。"

蒋伯潜曰："盖世人以前五者为性，虽有不得，必欲求之；以后五者为命，一有不至，不复致力。君子则于前五者之不可必得，不谓之性而诿之命，不汲汲以强求；于后者之或有所缺，不诿之命而谓之性，必孜孜而不倦也。"（《新刊广解四书读本》）

赵岐注："口之甘美味，目之好美色，耳之乐五音，鼻之喜芬香。臭，香也。《易》曰：'其臭如兰。'四体谓之四肢，四肢懈倦，则思安佚不劳苦。此皆人性之所欲也，得居此乐者，有命禄，人不能皆如其愿也。凡人则有情从欲而求可身；君子之道，则以仁义为先，礼节为制，不以性欲而苟求之也，故君子不谓之性也。仁者得以恩爱施于父子，义者得以义理施于君臣，好礼者得以礼敬施于宾主，知者得以明知知贤达善，圣人得以天道王于天下，此皆命禄，遭遇乃得居而行之，不遇者不得施行。然亦才性有之，故可用也。凡人则归之命禄，在天而已，不复治性。以君子之道，则修仁行义，修礼学知，庶几圣人孜孜不倦，不但坐而听命，故曰君子不谓命也。"（《孟子章句》）

朱熹注："程子曰：'五者之欲，性也。然有分，不能皆如其愿，则是命也。不可谓我性之所有，而求必得之也。'愚按：不能皆如其愿，不止为贫贱。盖虽富贵之极，亦有品节限制，则是亦有命也。……程子曰：'仁义礼智天道，在人则赋于命者，所禀有厚薄清浊，然而性善可学而尽，故不谓之命也。'张子曰：'晏婴智矣，而不知仲尼。是非命邪？'愚按：所禀者厚而清，则其仁之于父子也至，义之于君臣也尽，礼之于宾主也恭，智之于贤否也哲，圣人之于天道也，无不吻合而纯亦不已焉。薄而浊，则反是，是皆所谓命也。……愚闻之师曰：'此二条者，皆性之所有而命于天者也。然世之人，以前五者为性，虽有不得，而必欲求之；以后五者为命，一有不至，则不复致力，故孟子各就其重处言之，以伸此而抑彼也。张子所谓'养则付命于天，道则责成于己'。其言约而尽矣。"（《四书章句集注》）

14.25 浩生不害问曰："乐正子何人也？"
孟子曰："善人也，信人也。"

"浩生不害"，孟子的学生，他问老师："乐正子是一个怎样的人？"

孟子说："乐正子，是个善人，也是个信人。"

浩生不害不解，继续问——

"何谓善？何谓信？"

曰："可欲之谓善，有诸己之谓信，充实之为美，充实而有光辉之谓大，大而化之之谓圣，圣而不可知之之谓神。乐正子，二之中、四之下也。"

"可欲之谓善"，言人人都觉得他可爱而不可恶，这就叫"善"。

朱熹注："天下之理，其善者必可欲，其恶者必可恶。其为人也，可欲而不可恶，则可谓善人矣。"（《四书章句集注》）

赵岐注："己之可欲，乃使人欲之，是为善人。己所不欲，勿施于人也。"（《孟子章句》）

"有诸己之谓信"，言自己确实拥有善，就叫"信"。《说文》云："信，诚也。""诚"，犹实也。

"充实之谓美"，赵岐注："充实'善''信'，使之不虚，是为美人。"（《孟子章句》）"力行其善，至于充满而积实，则美在其中而无待于外矣。"（《四书章句集注》）

"充实而有光辉之谓大"，毓老师说："'充实'，内圣，利己；'光辉'，如日之辉暖人，己立立人，己达达人，'智者利仁'。能为民除害，'遏恶扬善'就是大。"（《毓老师说孟子》）

朱熹注："和顺积中，而英华发外；美在其中，而畅于四支，发于事业，则德业至盛而不可加矣。"（《四书章句集注》）赵岐注："充实

善信而宣扬之，使有光辉，是为大人。"（《孟子章句》）

"大而化之之谓圣"，赵岐注："大行其道，使天下化之，是为圣人。"（《孟子章句》）

"圣而不可知之之谓神"，赵岐注："有圣知之明，其道不可得知，是为神人。"（《孟子章句》）

"乐正子，二之中、四之下也。"乐正子，在善人、信人之间，但在美、大、圣、神之下。

孔子把人分为士人、善人、君子、贤人、圣人五等，孟子则把人分为善人、信人、美人、大人、圣人、神人六等。不管是孔子的分法，还是孟子的分法，他们都认为"下学而上达"，最终可以到达"内圣外王"的天人合一境界。

南怀瑾说："孟子在这里，把圣人修养的真学问、真方法、真工夫，全部公开出来了，这就是中国上古传统文化'穷理尽性以至于命'的系统原理。"（《孟子与尽心篇》）

14.26　孟子曰："逃墨必归于杨，逃杨必归于儒。归，斯受之而已矣。"

孟子说："离开了墨子的学说，必定回归杨朱的学说；离开了杨朱的学说，必定回归儒家的学说。回归，就接受吧。"

墨子和杨朱的主张，前文讲过。由此章可以看出，在孟子生活的时代，墨子、朱杨的学说影响还是非常大的。

> "今之与杨、墨辩者，如追放豚，既入其苙（lì），又从而招之。"

孟子接着说："今天同杨、墨两家辩论之人，就像追逐一只走丢的猪，已经送回猪圈了，还要把它的脚拴住。"

赵岐注："今之与杨、墨辩争道者，譬如追放逸之豕豚，追而还之入栏则可，又复从而胃之，太甚。以言去杨、墨归儒则可，又复从而罪之，亦云太甚。"（《孟子章句》）

蒋伯潜曰："此章所说，盖分二层：其自脱而来归者，斯受之；其迷而未反，入杨、墨之笠者，则以辩说破其迷执而招之也。"（《新刊广解四书读本》）

> 14.27　孟子曰："有布缕之征，粟米之征，力役之征。君子用其一，缓其二。用其二而民有殍（piǎo），用其三而父子离。"

本章讲的是国家如何征税。

孟子生活的时代有三个税种：一是"布缕之征"，征收布帛的赋税；二是"粟米之征"，征收粮食的赋税；三是"力役之征"，以工代征，征收劳动力。

孟子说："君子治国理政，只用一项而缓用其他的两项。如三者取其二，那么百姓就要挨饿了。如三项一起用，那么必然导致父子离散。"

朱熹注："民为邦本，取之无度，则其国危矣。"（《四书章句集注》）国家取之要有度。

> 14.28　孟子曰："诸侯之宝三：土地、人民、政事。宝珠玉者，殃必及身。"

孟子说："诸侯拥有三样宝贝：土地、人民、政事。"所以，执政者应治理好一方水土，服务好一方百姓，经营好一方政事。如果诸侯们把珍珠美玉看作宝贝，那么祸害一定会降临到他身上。

当下从政者应谨记之、坚守之！

> 14.29　盆成括仕于齐。
> 孟子曰："死矣，盆成括！"
> 盆成括见杀，门人问曰："夫子何以知其将见杀？"
> 曰："其为人也小有才，未闻君子之大道也，则足以杀其躯而已矣。"

盆成括在齐国做官。

孟子说："盆成括要死了。"果不其然，过一段时间，盆成括被人杀害了，孟子的学生就问老师："您是怎么预知他将被杀的呢？"

孟子说："盆成括仅凭一点点自以为是的小聪明，根本不知道君子的处事大道。这足以招来杀身之祸。"

毓老师说:"'小有才,未闻君子之大道',自负有才,不知大道,胡作非为,招来杀身之祸。有多少人不是如此? 必要有修养,不要狂大无知,肆意妄为。"(《毓老师说孟子》)

赵岐注:"章指言:小知自私,藏怨之府;大雅先人,福之所聚。劳谦终吉,君子道也。"(《孟子章句》)

14.30　孟子之滕,馆于上宫。有业屦于牖(yǒu)上,馆人求之勿得。

或问之曰:"若是乎从者之廋(sōu)也?"

曰:"子以是为窃屦来与?"

曰:"殆非也。夫子之设科也,往者不追,来者不拒。苟以是心至,斯受之而已矣。"

孟子到了滕国,住在上宫别馆。馆里有一双快织好的麻鞋不见了,馆舍里的人找不到。

有人问孟子说:"是不是跟随您学习的人把它偷藏起来了?"

孟子说:"你以为他们是为了偷鞋而来的吗?"

说:"大概不是吧。"此处,东汉的赵岐以为是"孟子说",宋代的朱熹以为是"或人曰"。其实,是谁说的并没有那么重要,重要的是说的这句话:"夫子之设科也,往者不追,来者不拒。苟以是心至,斯受之而已矣。"

"夫子",指孟子。"设科",开堂教学。

"往者不追,来者不拒",学生离开了,不强留;学生过来了,也不拒绝。

"苟以是心至，斯受之而已矣"，如果学生真心为学习而来，就一定能接受您传承的大道。

跟孟子学习的人，难道就没有偷窃草鞋者？

> 14.31　孟子曰："人皆有所不忍，达之于其所忍，仁也；人皆有所不为，达之于其所为，义也。人能充无欲害人之心，而仁不可胜用也；人能充无穿逾（yú）之心，而义不可胜用也；人能充无受尔汝之实，无所往而不为义也。

"达"，由此及彼。达到。

蒋伯潜曰："人皆有所不忍，有所不为者，因恻隐之心、羞恶之心，人皆有之也。不愿害人，即是有所不忍；不愿穿逾，即是有所不为。达者，推此心以通之彼也。其有所忍、有所为者，未能达此不忍不为之心而已。"（《新刊广解四书读本》）

南怀瑾举例开导我们："例如在家里吃到好东西，如果父母家人不在，总不忍心完全吃掉，这就是不忍之心。可是吃到最后，父母家人还没有回来，东西又实在好吃，于是会改变主意，吃完了再说吧。假使能够扩大这种不忍之心，'达之于其所忍'，下狠心要随时把不忍心扩大变成爱一切人，变成了真仁慈，那么就叫做'仁'。"

他又举例说："看见面前放有一堆无主的钱，心里会想到，这不是我的，不能随便拿。基本上，人性都有这一善良的心理，但是'看得破，忍不过；想得到，做不来'。有这种善良的心理，到某一时候，由于环境上'依他起'，依外物外境的影响、引诱，守不住而自撤防线。人要有为有守，将这种有所不为的心理，能扩而充之，'达之于其所为'，变成不该做的绝对不做，该做的就做，至死不变。"（《孟子与尽心篇》）

人都有不肯为，将他的不肯为，变成他的肯为，就是义。张居正说："必自其所不为，达之于其所为，使事无大小，时无顺逆。见利必不敢以苟求，见害必不敢以苟免，这才是吾心全体之义。"（《张居正讲评〈孟子〉》）

"充"，满也。"逾"，越墙，盗贼之事也。

孟子说："人能充满不害人的心，那仁就用不完了。人能充满不做盗贼的心，那义就用不完了。"

朱熹注："盖尔汝人所轻贱之称，人虽或有所贪昧隐忍而甘受之者，然其中必有惭忿而不肯受之之实。人能即此而推之，使其充满无所亏缺，则无适而非义矣。"（《四书章句集注》）

> **"士未可以言而言，是以言饪（tiǎn）之也；可以言而不言，是以不言饪之也，是皆穿逾之类也。"**

"饪"，以舌头舐物，试探味道而后吃也。

一个士人，在不可以说话时而说话，是想用言语试探别人；到了可以说话的时候不说话，是想用不言语试探别人。这些做法，都类似于挖洞越墙。

孔子曰："可与言而不与之言，失人；不可与言而与之言，失言。知者不失人，亦不失言。"（《论语·卫灵公》）

孟子的最后一句，又延伸了。士人以"言"说为业，那其"所不忍"、其"所不为"又是什么呢？

赵岐注："人之为士者，见尊贵者未可与言而强与之言，欲以言取之也，是失言也。见可与言者而不与之言，不知贤人可与之言，而反欲以不言取之，是失人也。是皆趋利入邪无知之人，故曰穿逾之类也。"（《孟子章句》）

孟子为什么会两次提到"穿逾"之心呢？投机取巧，不走正道，是不能抵达仁义的。仁义之路，光明正大，只需"达"之、"充"之。

14.32　孟子曰："言近而指远者，善言也；守约而施博者，善道也。君子之言也，不下带而道存焉；君子之守，修其身而天下平。

戴震曰："约，谓修其身。"又曰："道即行，善道谓善行也。"（《孟子正义疏证》）

本章孟子讲的是善言、善行。

赵岐注："言近指远，近言正心，远可以事天也。守约施博，约守仁义，大可以施德于天下也。二者可谓善言善道也。正心守仁，皆在胸臆，吐口而言之，四体不与焉，故曰不下带。"（《孟子章句》）

"带"，束腰之带。朱熹注："古人视不下于带，则带之上乃目前常见至近之处也。"（《四书章句集注》）大道就在目前。

戴震曰:"孔、孟之言,语行之约,务在修身而已。语知之约,致其心之明而已。"(《孟子字义疏证》)

焦循曰:"胸臆当心,亦居带上,仁守于心,而吐于口,故四体不与也。守虽明言修身,而未言所以修身之事,赵氏以仁义明之,谓所以修身者为守此仁义也。仁者,元也。义者,利也。元亨利贞为四德,故云施于天下。施德即施仁义也。既以正心明言近,以守仁明修身,又并云正心守仁皆在胸臆者,谓正心即守此仁义,修身即是正心,言如是,守即如是,虽分言之,实互言之也。事天之本,不外身心;平天下之功,不外仁义。孟子之旨,赵氏得之矣。"(《孟子正义》)

"君子之守,修其身而天下平。"赵岐注:"身正物正,天下平矣。"(《孟子章句》)焦循曰:"身正,成己也。物正,成物也。成己,仁也。成物,知也。以知行仁,事皆合于义,孔子所谓'修己以敬''修己以安百姓'也。"(《孟子正义》)

南怀瑾说:"'君子之守,修其身而天下平。'一个君子,本身的人格操守——在儒家讲操守,在佛家叫做戒律——真正有道德的话,无需言教,只要本人修养行为好,自然可为人榜样。"(《孟子与尽心篇》)

"人病舍其田而芸人之田,所求于人者重,而所以自任者轻。"

"芸",耘。人常常舍弃自己的田地不耕作而去耕作别人的田地。对别人要求很高,对自己往往要求很低。

赵岐注:"芸,治也。田以喻身。舍身不治,而欲责人治,是求人

太重，自任太轻。""章指言：言道之善，以心为原，当求诸己，而责于人，君子尤之，况以妄芸，言失务也。"（《孟子章句》）

> 14.33　孟子曰："尧、舜，性者也；汤、武，反之也。动容周旋中礼者，盛德之至也。哭死而哀，非为生者也。经德不回，非以干禄也；言语必信，非以正行也。君子行法，以俟命而已矣。"

尧、舜生而知之。他们的从善行仁，都是从本心自然流出的，纯然而合乎天道。

汤、武学而知之。他们通过后天的修身养性，敬天爱人，返回到本性之中。

朱熹引吕氏注曰："无意而安行，性者也；有意利行，而至于无意，复性者也。尧、舜不失其性，汤、武善反其性，及其成功则一也。"（《四书章句集注》）

蒋伯潜曰："一切动作仪容，以及来往应对，种种细微曲折，无不合于礼节。这是君子的盛德，好到极处了。"（《新刊广解四书读本》）

焦循曰："德盛于中，发扬于外，言非虚饰以悦人。"（《孟子正义》）

人们为逝者掉泪，是因为逝者有德，并不是哭给活着的人看的。有德之人，自有操守，他们遵守德行也不是为了追求职位和俸禄的。他们说的话让人相信，是因为他们本性不愿欺骗人，并非为了证明自己行为端正。

赵岐注："君子顺性蹈德，行其法度，夭寿在天，行命以待之而已矣。"（《孟子章句》）

"行法"，一言一行，皆合法度。"俟命"，等待天命。

焦循曰："自盆成以下，辨别士品，小慧之杀身，言铦之入邪，舍田之自轻，而此章分真伪于豪芒，则学道之人，不能保其窍履，尤为切切者矣。"（《孟子正义》）孟子最后告诉我们立身之道："君子行法，以俟命而已矣。"

14.34 孟子曰："说大人则藐（miǎo）之，勿视其巍巍然。堂高数仞，榱（cuī）题数尺，我得志，弗为也；食前方丈，侍妾数百人，我得志，弗为也；般乐饮酒，驱骋田猎，后车千乘，我得志，弗为也。**

这一章表面是孟子在讲游说诸侯之法，但实际上又有点像孟子自言人生之道。特别适合有志青年阅读，帮助消灭自卑，构建强大的内心世界。

"大人"，指权势富贵之人。"藐之"，看轻他。"巍巍"，权大势大之貌。

孟子说："游说诸侯要藐视他，不要把他高高在上的地位放在眼里。"

朱熹引赵氏注曰："大人，当时尊贵者也。藐，轻之也。魏魏，富贵高显之貌。藐焉而不畏之，则志意舒展，言语得尽也。"（《四书章句集注》）理是这个理，但是，一个没有权的人面对"巍巍然"的大人，

525

怎么才能做到"藐之"呢？

"堂高数仞，榱题数尺"，殿堂高数丈，屋檐宽几尺。此句说大人们的住宅富丽堂皇。

"食前方丈，侍妾数百人"，菜肴满席，姬妾数百。此句说大人们的生活讲究。

"般乐饮酒，驱骋田猎，后车千乘"，饮酒赋乐，游玩田猎，跟随的车子有千余辆。此句说大人们寻欢作乐，声势浩大。

"我得志，弗为也"，我如果得志，不会这样做。

孔子曾说："君子有三畏，畏天命，畏大人，畏圣人之言。"（《论语·季氏》）此处，孟子为什么又说"藐之"呢？朱熹曰："这为世上有人把大人许多崇高富贵当事，有言不敢出口，故孟子云尔。"他又曰："大人固当畏，而所谓'藐'者，乃不是藐他，只是藐他许多'堂高数仞，榱题数尺'之类。"（《朱子语类》）

"在彼者，皆我所不为也；在我者，皆古之制也。吾何畏彼哉？"

孟子说："他的所作所为，都是我不追求的。而我要坚守的，是古圣先贤的法度。这样说来，我为什么要怕他们？"

这就是孟子充"塞于天地之间"的"浩然之气"。这就是"得志与民由之，不得志独行其道。富贵不能淫，贫贱不能移，威武不能屈"的"大丈夫"精神！

14.35 孟子曰："养心莫善于寡欲。其为人也寡欲，虽有不存焉者，寡矣；其为人也多欲，虽有存焉者，寡矣。"

孟子在前面已讲明了修身之道，此处说的是养心之法。

"寡欲"，少欲。少欲不是无欲。"寡"，也可视为动词，一点一点减少自己的欲望。"欲"，利欲也。利欲熏心。

清静寡欲，最宜养心。"李耳（老子）无为自化，清静自正。"（《史记·老庄申韩列传》）

"不存"，即亡也。孟子说："一个寡欲之人，虽然也有不幸而亡的，但毕竟是少数。"

赵岐注："虽有少欲而亡者，谓遭横暴，若单豹卧深山而遇饥虎之类也，然亦寡也。"（《孟子章句》）单豹是寡欲之人，他不幸遇饿虎而落难，但这毕竟是少数。

"单豹"，《庄子·达生》云："鲁有单豹者，岩居而水饮，不与民共利，行年七十而犹有婴儿之色，不幸遇饿虎，饿虎杀而食之。"《吕氏春秋》载："单豹好术，离俗弃尘，不食谷实，不衣芮温，身处山林岩堀，以全其生。不尽其年，而虎食之。"

"其为人也多欲，虽有存焉者，寡矣。"反过来说，一个多欲之人，虽然有长存而不亡的，但毕竟是少数。

南怀瑾说："孟子说，能够妄念减少，慢慢少想一点空事，把空想、幻想的范围缩小，只想几点切实要紧的事。照这样训练自己，修养自己，幻想妄念，自然越来越薄弱了，就会达到禅宗祖师所说'不是息心除妄想，只缘无事可思量'的境界。这不是说要故意把念头压下去，是

527

自然没有事情可想了。人家说肉好吃，自己根本不想吃了；人家想穿好的，自己不想了，只要不受冻，能蔽体就行了。这是真的空，看开了，所谓'看破红尘'就是这个样子，真到了心平如水，则妙不可言。"（《孟子与尽心篇》）

"人生而静，天之性也；感于物而动，性之欲也。"（《礼记·乐记》）《庄子·大宗师》曰："嗜欲深者天机浅。"

朱熹注："欲，如口鼻耳目四支之欲，虽人之所不能无，然多而不节，未有不失其本心者，学者所当深戒也。"（《四书章句集注》）

朱熹有个学生叫子善，他对老师说："如夏葛冬裘，渴饮饥食，此理所当然，才是葛必欲精细，食必求饱美，这便是欲。"朱熹对他说："孟子说'寡欲'。如今且要得寡，渐至于无。"（《朱子语类》）

14.36 曾晳嗜羊枣，而曾子不忍食羊枣。公孙丑问曰："脍炙与羊枣孰美？"
孟子曰："脍炙哉！"

为什么突然讨论"曾子不忍食羊枣"的问题？

要知道曾子对于孟子有非同寻常的意义。孟子自称是子思门下的私淑弟子，曾子是子思的老师，而曾子的老师就是孔子。

孟子从这一章起，开始讨论传承的问题了。传承，不外乎血脉的传承、文化的传承。

曾晳和曾子同在孔子门下学习。曾子是大孝子，所以在《孔子闲居》中，孔子专门给曾子讲《孝经》。

"羊枣"，一种枣名。"嗜"，喜欢，嗜好。赵岐注："曾子以父嗜羊枣，父没之后，惟念其亲，不复食羊枣，故身不忍食也。"（《孟子章句》）曾子怕睹物思亲。

"脍"，细切肉。"炙"，烤熟肉。今天的"脍炙人口"形容味道好，引申为好的诗文受到人们的称赞和传颂。

> 公孙丑曰："然则曾子何为食脍炙而不食羊枣？"
>
> 曰："脍炙所同也，羊枣所独也。讳名不讳姓，姓所同也，名所独也。"

公孙丑感到奇怪。既然脍炙比羊枣美味，为什么曾子"食脍炙而不食羊枣"？

孟子说："脍炙每个人都喜欢，是共同的。而羊枣只有父亲喜欢，是独特的。这就好比父母之名应该避讳，父母之姓却不避讳，姓是相同的，名却是独有的。"

中国过去一直讲究避讳。无论是对父母，还是对国君，避讳表示了一种恭敬之心。

> 14.37 万章问曰："孔子在陈，曰：'盍归乎来？吾党之士狂简，进取不忘其初。'孔子在陈，何思鲁之狂士？"
>
> 孟子曰："孔子'不得中道而与之，必也狂狷乎！狂者进取，狷者有所不为也。'孔子岂不欲中道哉？不可必得，故思其次也。"

万章问："孔子在陈国说：'何不回去呢！我那些（留在鲁国的）学生志大而狂放，进取而不忘本。'孔子当时在陈国，为什么会想到鲁国的这些狂士呢？"

《论语·公冶长》曰："子在陈曰，归与！归与！吾党之小子狂简，斐然成章，不知所以裁之。"它和万章此处所引略有不同。

"孔子在陈，何思鲁之狂士？"这个"思"字非常重要。"思"之，再三考虑。

孟子说："孔子说过：'找不到中道之士而把大道传给他，那就必须要找狂者或者是狷者。狂者能进取，狷者有所不为。'孔子难道不想找中道之士吗？不一定能得到，所以，他考虑退而求其次。"

看来不只名师难遇，高徒也难求。

"敢问何如斯可谓狂矣？"

曰："如琴张、曾皙、牧皮者，孔子之所谓狂矣。"

"何以谓之狂也？"

曰："其志嘐嘐（xiāo）然，曰：'古之人！古之人！'夷考其行，而不掩焉者也。狂者又不可得，欲得不屑不洁之士而与之，是狷也，是又其次也。孔子曰：'过我门而不入我室，我不憾焉者，其惟乡原乎！乡原，德之贼也。'"

万章问："怎么样的人才能称得上狂者？"

孟子说："像琴张、曾皙、牧皮这类人，就是孔子所说的狂者。"

赵岐注："琴张，子张也。子张之为人，蹑踔谲诡，《论语》曰：'师也辟'，故不能纯善而称狂也，又善鼓琴，号曰'琴张'。曾皙，曾参父也。牧皮，行与二人同，皆事孔子学者也。"（《孟子章句》）

万章再问："为什么称他们是狂者？"

赵岐注："嘐嘐，志大言大者。重言古之人，欲慕之也。夷，平也。考察其行，不能掩覆其言，是其狂也。"（《孟子章句》）

孟子回答说："他们志气大，言语夸张。张口闭口：'古时候的人，古时候的人。'考察他们的行为，却与他们的言语不符合。"

朱熹注："狂，有志者也；狷，有守者也。有志者能进于道，有守者不失其身。屑，洁也。"（《四书章句集注》）

孟子又说："如果这种狂者也得不到，就只能去寻找不屑于做坏事的人了，这种人就是狷者，这又次一等了。"

蒋伯潜曰："孟子之意，以中道为第一，狂次之，狷又次之。至于乡愿，则孔子以为德之贼，虽过门不入，亦不憾也。'原'，同'愿'，'乡愿，德之贼也'。"（《新刊广解四书读本》）

子曰："乡愿，德之贼也。"（《论语·阳货》）

孟子说："孔子说过：'经过我家门前却不进我家，我并不感到遗憾的，大概只有乡愿（好好先生）。乡愿者，是损害道德的贼。'"

看看孔子，多厌恶这些"好好先生"。

曰："何如斯可谓之乡原矣？"

曰："'何以是嘐嘐也？言不顾行，行不顾言，则曰，古之人，古之人。行何为踽踽（jǔ）凉凉？生斯世也，为斯世也，善斯可矣。'阉（yān）然媚于

■　世也者，是乡原也。"

　　朱熹注："乡原讥狂者曰：何用如此嘐嘐然，行不掩其言，而徒每事必称古人邪？又讥狷者曰：何必如此踽踽凉凉，无所亲厚哉？人既生于此世，则但当为此世之人，使当世之人皆以为善则可矣，此乡原之志也。阉，如奄人之奄，闭藏之意也。媚，求悦于人也。孟子言此深自闭藏，以求亲媚于世，是乡原之行也。"（《四书章句集注》）

　　毓老师说："'阉然媚于世'，遮遮掩掩地一味讨好人，一乡人皆称好，'是乡原也。'"（《毓老师说孟子》）

　　　　万章曰："一乡皆称原人焉，无所往而不为原人，孔子以为德之贼，何哉？"

　　　　曰："非之无举也，刺之无刺也，同乎流俗，合乎污世，居之似忠信，行之似廉洁，众皆悦之，自以为是，而不可与入尧、舜之道，故曰'德之贼'也。孔子曰：'恶似而非者：恶莠（yǒu），恐其乱苗也；恶佞，恐其乱义也；恶利口，恐其乱信也；恶郑声，恐其乱乐也；恶紫，恐其乱朱也；恶乡原，恐其乱德也。'君子反经而已矣。经正，则庶民兴；庶民兴，斯无邪慝矣。"

　　万章再问："整个乡村的人都说他是'好好先生'，无论到什么地方他也都表现得像个'好好先生'，孔子却认为他是损害道德的人，这是为什么呢?"

孟子说:"要说他不对又举不出什么证据,要指责他也无处指责。他只是顺随世俗,为人似乎忠厚老实,行为似乎清正廉洁,大家都很喜欢他,而他也自以为是。最主要的是,他永远不可能归入尧、舜之道。所以说'德之贼'。"

孟子又引孔子的原话说:"我最厌恶那些似是而非的东西:厌恶狗尾巴草,是怕它混乱禾苗;厌恶那些能说会道的人,是怕它扰乱了大义;厌恶那些善于言辞的人,是怕他们扰乱了诚信;厌恶淫邪的郑声,是怕它搅乱了雅乐;厌恶紫色,是怕它混乱了红色;厌恶那些不分是非的人,是怕他们扰乱了道德。"

赵岐注:"似真而非真者,孔子之所恶也。莠之茎叶似苗;佞人诈饰,似有义者;利口辩辞,似若有信;郑声淫,人之听似若美乐;紫色似朱,朱,赤也;乡原惑众,似有德者:此六似者,孔子之所恶也。"(《孟子章句》)

"君子反经而已矣。""反",返。"反经"者,返回常道也。常道,中正之道也。

"经正,则庶民兴",路径对了,道路正了,老百姓就会奋发振作。

"庶民兴,斯无邪慝矣。"仓廪实而知礼节,哪里还会有乡愿的邪恶之行?

> 14.38 孟子曰:"由尧、舜至于汤,五百有余岁。若禹、皋陶,则见而知之;若汤,则闻而知之。由汤至于文王,五百有余岁。若伊尹、莱朱,则见而知之;若文王,则闻而知之。由文王至于孔子,五百有余岁。

> 若太公望、散宜生，则见而知之；若孔子，则闻而知
> 之。由孔子而来，至于今，百有余岁。去圣人之世，
> 若此其未远也；近圣人之居，若此其甚也。然而无有
> 乎尔，则亦无有乎尔！"

《孟子》的这一章和上一章读起来十分连贯。本来，分章也是后来人为了当下阅读的方便。有时，一篇经典经人为分割，可能失去原意了。

上一章，孟子列举了"狂者""狷者""乡原（愿）"者的利弊，最后说："君子反经而已矣。经正，则庶民兴；庶民兴，斯无邪慝矣。"

焦循曰："上言乡原自以为是而不足与入尧、舜之道，末言君子反经而已矣，然则反经者，尧、舜之道也。又云'经正则庶民兴'，言经正则经有不正者矣。反经而经正，则不反经经有不正者矣。孟子所云'反经'，即《公羊传》所云'反经'，反经为权，权即通变神化。何为经？经者，常也。常者，不变之谓也。狂者常于高明，君子则反之以柔克；狷者常于沉潜，君子则反之以刚克：如是则其常而不能变者皆以反而归于正，此庶民所以皆兴起于善而无邪慝也。惟乡原非之无举，刺之无刺，其阉然媚世，本无一定之常，为刚克柔克所不能化，又自以为是，非劳来匡直所能移，故不可与入尧、舜之道，实为圣世奸民而古今大慝也。此孔子所以恶之而思狂狷之士。狂者反经，则由狂而中正；狷者反经，则由狷而中正，故君子反经而经正也。乡原而外，皆可入尧、舜之道者也。此尧、舜之道为万世君子之法，故汤、文王、孔子闻而知之，即知此反经经正之道也。禹、皋陶、伊尹、莱朱、太公望、散宜生见而知之，即知此反经经正之道也。反经为权，实即尧、舜通变神化之

道。"(《孟子正义》)

何为"见而知之"?亲眼见过，就知道了。赵岐注："见而知之，谓辅佐也。通于大贤次圣者，亦得与在其间。亲见圣人之道而佐行之，言易也。"

何为"闻而知之"?听人说过，就知道了。赵岐注："闻而知之者，圣人相去卓远，数百岁之间变故众多，逾闻前圣所行，追而遵之，以致其道，言难也。"(《孟子章句》)

孟子说："从尧、舜到汤，过了五百余年。像禹、皋陶那些人，是亲眼看见尧、舜而知其道的；像汤是听到而非看到尧、舜之道而知其道的。"

孟子接着说："从汤到文王，像伊尹、莱朱那些人，是亲眼看见（汤）而知其继承了尧、舜之道的，而文王是听说而知其道的。"据赵岐注，伊尹、莱朱都是汤的贤臣。

孟子又说："从文王到孔子，又有五百余年，像太公望、散宜生那些人，是亲眼见到（文王）而知其传承的是尧、舜之道，像孔子，是听说而知其道的。"

赵岐注："太公望，吕尚也，号曰师尚父。散宜生，文王四臣之一也。吕尚有勇谋而为将，散宜生有文德而为相，故以相配而言之也。"（《孟子章句》）

焦循曰："盖通变神化之道，作于黄帝、尧、舜，而汤文王闻而知之，知而行之。其始百姓固日用而不知，而贤圣之臣为之辅佐者，亲见此修己以敬、无为而治之效，固无不知之也。"（《孟子正义》）

孟子最后说："从孔子到现在，有一百多年，距离圣人的年代并不遥远，距离圣人的家乡如此之近。"

"然而无有乎尔，则亦无有乎尔！""然而"，转折词。"无有"，没有。"亦"，也。仅仅一百余年，便无"见而知之"者了，"亦无乎尔"，也无"闻而知之"者了。

万章好像在借孔子之题，问今日谁能传承尧、舜之道。"然而无有乎尔，则亦无有乎尔！"这句是表达他对现实的无奈吗？是对自己的肯定吗？还是对后来者的期许呢？

毓老师说："孔子至今约两千年，熊十力以'回复孔子真面目'自许。我们接着熊十力，继续跑下一棒，奉元行事，再现华夏之学，臻群龙无首，人类大同。"（《毓老师说孟子》）

自省吾身

自省吾身

后记

《每日省悟：〈孟子〉大家学（全二册）》的学习到此结束。我们从《论语》开始，到《大学》《中庸》《孟子》。整整四年，我利用每日早醒的时间，撰写每日的经典导读。在微信群里，和学友们一起，一字一句地学完了"四书"。文化改变气质。到今天，中华文化应该或多或少地影响了我们。孔子说："我欲载之空言，不如见之于行事之深切著明也。"（《史记·太史公自序》）知道，就要行动。从今往后，我们要把"四书"精神贯穿在每一天的反省修行中，把"四书"精神落实于每一天的工作当中……

"感恩，惜缘，惜福"，这是陈明哲教授的六字真言。首先，我想感谢陈明哲老师，有缘能跟随这样一位国际管理学界大师级的人物学习，真是人生中最快乐的事情。多年来，日理万机的陈老师给了我数不清的教导。他在百忙之中给拙作撰写序言，我十分感动。更重要的是，正是通过陈老师，我才知道爱新觉罗·毓鋆老师。

感谢楼先生、乐先生、守常先生、董平先生。他们是当今学界公认的大家，先生们为了传播中华优秀文化，为我这个初学者站台题字、作序推荐。感谢三智书院的高斌院长，长期以来，他一直关心、支持我的学业，不辞辛劳。感谢道善文化的崔正山董事长，他出版了许多有价值的文化书籍，给我很大的启发。

我的书是写给普通人的读书笔记，不是专业的学术著作。书中有非常浅显的个人书写，也引用了大量得道先贤的经典解释，其目的还是希望大家由浅入深，理解孔门的精神。

有人问我，如何读我的这几本书。我回答是先从《每日省悟：〈论语〉大家学（全二册）》开始，再读《每日省悟：学庸大家学（全二册）》，最后是《每日省悟：〈孟子〉大家学（全二册）》，《论语》是纲，其他是目。但愿我的这些书能给大家筑起一座桥梁，通过这座桥梁，普通的读者也能走进古圣先贤们的思想殿堂。

还要感谢复旦大学出版社，感谢李又顺老师、刘西越老师，特别感谢丁诚学弟，没有他的引荐，我也认识不了姜作达老师，也就没有和复旦大学出版社合作的缘分，他们无私地、不辞辛劳地助推这套书的出版，正是因为他们每个人的心中都存有传播优秀中华文化的责任感和使命感。

最后还要感谢我的家人。四年多来，我为了一个承诺，几乎把每个早晨四点半至七点半的时间都搭进去了。近几年，单位的工作又特别繁忙。早起晚归，没有周六，也没有周日。我早晨专心读经典、写导读，之后就进入工作状态。家务活和儿子的教育，早被我抛到了九霄云外了。如果没有家人的无私支持，我的省悟与学习也坚持不到今天。最后，还要感谢我的外甥崔皓博，学习"四书"的每一天他都在认认真真地整理我的稿件。

最后感谢我的学友们，没有你们的陪伴，我不会写出这么多感想。在我们四年多的共同学习中，你们的巨大进步，就是对我最大的鼓励！

知道了，就行动吧！文化改变气质。众人拾柴火焰高，为了影响更多的人，我会继续号召大家一起学习优秀的中华文化、践行优秀的中华文化！

图书在版编目(CIP)数据

每日省悟.《孟子》大家学:全二册/问永刚著. —上海:复旦大学出版社,2023.4
ISBN 978-7-309-16751-1

Ⅰ.①每… Ⅱ.①问… Ⅲ.①儒家②《孟子》-通俗读物 Ⅳ.①B222-49

中国国家版本馆 CIP 数据核字(2023)第 018829 号

每日省悟:《孟子》大家学(全二册)
MEIRI XINGWU MENGZI DAJIA XUE QUAN ERCE
问永刚 著
责任编辑/刘西越

复旦大学出版社有限公司出版发行
上海市国权路 579 号 邮编:200433
网址:fupnet@fudanpress.com　http://www.fudanpress.com
门市零售:86-21-65102580　　团体订购:86-21-65104505
出版部电话:86-21-65642845
江阴市机关印刷服务有限公司

开本 890×1240　1/32　印张 18.25　字数 434 千
2023 年 4 月第 1 版
2023 年 4 月第 1 版第 1 次印刷

ISBN 978-7-309-16751-1/B · 779
定价:115.00 元